王维传

张清华 著

民主与建设出版社
·北京·

© 民主与建设出版社，2023

图书在版编目（CIP）数据

王维传 / 张清华著 . –– 北京：民主与建设出版社，
2023.10
ISBN 978-7-5139-4359-8

Ⅰ . ①王… Ⅱ . ①张… Ⅲ . ①王维（699-759）—传
记 Ⅳ . ① K825.6

中国国家版本馆 CIP 数据核字（2023）第 182390 号

王维传
WANG WEI ZHUAN

著　者	张清华	
责任编辑	彭　现	
封面设计	言　成	
出版发行	民主与建设出版社有限责任公司	
电　话	（010）59417747　59419778	
社　址	北京市海淀区西三环中路 10 号望海楼 E 座 7 层	
邮　编	100142	
印　刷	天宇万达印刷有限公司	
版　次	2023 年 10 月第 1 版	
印　次	2023 年 11 月第 1 次印刷	
开　本	880mm×1230mm　1/32	
印　张	7	
字　数	108 千字	
书　号	ISBN 978-7-5139-4359-8	
定　价	42.00 元	

注：如有印、装质量问题，请与出版社联系。

第一章

金色结少年

　　王维的童年既是立志读书、奋发上进的时期，又是辗转流徙、生活不太安定的阶段。他和同时代的诗人李白、杜甫一样，都少有大志。想走向社会，干一番事业。

名门寒士：宿世谬词客，前身应画师

　　唐代宗李豫喜王维诗，安史乱平登基后，曾让王缙搜集整理兄王维的诗文进呈。《答王缙进王维集表诏》曰："卿之伯氏，天下文宗。位历先朝，名高希代。抗行周《雅》，长揖《楚词》。调六气于终篇，正五音于逸韵。泉飞藻思，云散襟情，诗家者流，时论归美。诵于人口，久郁文房，歌以《国风》，宜登乐府。盱朝之后，乙夜将观。石室所藏，殁而不朽，柏梁之会，今也则亡。乃眷棣华，克成编录，声猷益茂，叹息良深。"

　　这样高而全面的评价，代表了盛唐朝野对王维诗的看法。盛唐前期，王维率先登上诗坛，且以"盛得江左风"，重六朝诗歌的艺术性；"弥工建安体"，重建安风骨，以艺术美与内容刚劲二者有机结合的诗学观，引领盛唐诗坛，成为当之无愧的"名高希代"的"天下文宗"。无怪杜甫称之为"高人"，云："不见高人王右丞，蓝田丘壑漫寒藤。最传秀句寰区满，未绝风流相国能。"[①]

———————————

① 《解闷》之八。

　　王维早慧，幼年攻读经史子集及《昭明文选》诸作，八九岁就能作文绘画，赋诗弹琴。《新唐书·王维传》说他"九岁知属辞"。与弟缙年庚相若，幼年一同读书，青少年时期同游长安、洛阳。两兄弟文名皆高，有"名满京华"之誉，《唐朝名画录》说："兄弟并以科名文学，冠绝当时，故时称：朝廷左相笔，天下右丞诗。"①

　　王维信佛，故自字摩诘，因官尚书右丞，称王右丞。中年以后，人称"诗佛"或"仙宗十友"②。他出生于一个世代为官的小官僚家庭，也是一个诗书礼乐陶冶的书香门第。据《新唐书·唐宰相世系表》，曾祖知节做过扬州司马，是河东王氏一支。祖胄，做过协律郎。父处廉，官终汾州司马。他近祖五代虽都做官，但大多是一些京外中小之职。值得注意的是，他的祖父王胄曾任协律郎，自然是精通音律、专长音乐的艺术家了。王维精通音乐当与乃祖有直接关系。可以看出王维之所以于诗、文、辞、赋、绘画、音乐无所不会，无所不精，与他幼年时受的教育分不开。对王维有精到研究的明人顾起经对他的为学作了全面评述：

　　　玄、肃以下诗人，其数什佰，语盛唐者，唯高、王、岑、孟四家为最。语四家者，唯右丞公为最。其为诗也，

① 王缙：王维的大弟弟，唐代宗李豫时为左丞相，又以文著名当代，故云"朝廷左相笔"。王维，唐肃宗李亨上元元年（760）五月官尚书右丞，又以诗著称当代，故云"天下右丞诗"。
② 宋代叶廷珪撰写的《海录碎事》里有一段有趣的记载："唐司马承祯与陈子昂、卢藏用、宋之问、王适、毕构、李白、孟浩然、王维、贺知章为仙宗十友。"世称"仙宗十友"。

上薄《骚》《雅》，下括汉魏，博综群籍，渔猎百氏。于史、子、《苍》《雅》、纬候、铃决、内学、外家之说，苞并总统，无所不窥。邮长于佛理，故其摛藻奇逸，措思冲旷，驰迈前榘，雄视名俊。凡今长老荐绅之属，工为诗者，恒嗟赏而雅崇之，殆与耳食无异。①

王维世代为官的家庭从小就给王维种下了用世的思想；这个书香门第，不仅使他有了丰富的历史、社会知识，也培养了他的文学艺术情操。

王维有四个弟弟、一个妹妹。

大弟弟王缙生于久视元年（700），字夏卿，连应草泽及文辞清丽科举上第。官武部员外郎。安史叛乱，选为太原少尹，守太原，功效谋略众所推先，加宪部侍郎。入朝拜国子祭酒，历工部侍郎、左散骑常侍。殄平史朝义称旨，广德二年（764），拜黄门侍郎、同中书门下平章事。其年，以王缙为侍中持节都统河南、淮西、山南东道诸节度行营事。辞侍中，加东京留守。大历三年（768），幽州节度使李怀仙卒，兼太原尹、北都留守、河东节度营田观察使。大历五年（770），授门下侍郎、中书门下平章事。后迁太子宾客，分司东都。建中二年（781）卒，终年八十二岁。

二弟王绰，官江陵少尹。

三弟王纮，为兄缙管事。

---

① 奇字斋本《类笺唐王右丞诗集·题王右丞诗笺小引》。

四弟王纮，曾官祠部员外郎、司勋郎中、太常少卿[1]，王维有《林园即事寄舍弟纮》诗：

> 寓目一萧散，消忧冀俄顷。青草肃澄陂，白云移翠岭。后沔通河渭，前山包鄢郢。松含风里声，花对池中影。地多齐后疟，人带荆州瘿。徒思赤笔书，讵有丹砂井。心悲常欲绝，发乱不能整。青簟日何长，闲门昼方静。颓思茅檐下，弥伤好风景。[2]

岑参曾写过一首《和祠部王员外雪后早朝即事》诗，据李嘉言《岑诗系年》考定，诗题中的王员外即王纮[3]。陈铁民、侯忠义《岑参集校注》考定，此诗作于代宗广德二年（764）以后、大历元年（766）以前，王纮任祠部员外郎时期。据《旧唐书·代宗纪》载，大历十二年（777）四月，王纮与杨炎等十余人坐依附元载案被贬官[4]。所以，王纮任太常少卿应在坐罪前的一段时间。这次王纮贬官，疑与兄王缙同坐元载一案。从岑参诗结联写的"闻道仙郎歌《白雪》，由来此曲和人稀"，知王纮也能写诗，惜今不存。

---

[1] 见《新唐书·宰相世系表》和《郎官石柱题名》。

[2] 本书引用王维诗作，除特别标注引用版本外，其余均依照宋蜀刻本《王摩诘文集》。

[3] 李嘉言《岑诗系年》，载《文学遗产增刊》第三辑。

[4] 《旧唐书》卷十一《代宗纪》云：贬吏部侍郎杨炎为道州司马，元载党也。谏议大夫、知制诰韩洄、王定、包佶、徐璜，户部侍郎赵纵，大理少卿裴翼，太常少卿王纮，起居舍人韩会等十余人，皆坐元载贬官也。

从王维《偶然作》之三写的"小妹日成长"，和《山中寄诸弟妹》，确知王维还有一个妹妹。

王维的父亲处廉去世较早。王维对维系这个家庭、抚养弟妹们的寡母非常尊重，颇尽孝道，是个孝子。他对弟妹们非常爱护，关系也非常好。[①] 虽然家境窘迫，家风却好，弟弟妹妹都能奋发读书，有所进取，长大以后，在事业上都取得了成就。

王维的父氏王家、母氏崔家都是汉晋以来的名族世家。特别是初唐李氏掌权，把原来的王、卢、郑、崔的四姓五家，增加了陇西、赵郡二李，成为五姓七家。这五姓七家无论入仕、结亲、交友都居于特殊地位。《隋唐嘉话》：

> 高宗朝，以太原王，范阳卢，荥阳郑，清河、博陵二崔，陇西、赵郡二李等七姓，恃其族望，耻与他姓为婚，乃禁其自姻娶，于是不敢复行婚礼，密装饰其女以送夫家。

这虽只是说明五姓七家的通婚情况，也可见凡出自五姓七家者，不但争相为婚，得入士流，在交游中也是金字招牌。

在这五姓七家中王维占了王、崔两家。他世居河东太原祁州，属太原王氏世族。王氏从后汉王霸起就以名士惊动朝野，朝廷连聘他出来做官他不干。王昶，魏官至司空，乃京陵穆侯。王浑为晋朝

---

① 窦臮《述书赋》："幼弟纮，有两兄之风，闺门之内，友爱之极。"

录尚书事，京陵元侯。王承为镇东府从事中郎、蓝田县侯。王述为尚书令、蓝田简侯。王坦之为左卫将军、蓝田献侯。王琼为镇东将军。琼生四子：遵业、广业、延业、季和，号称"四房王氏"。按《新唐书·宰相世系表》里总述中说："王氏定著三房：一曰琅邪王氏，二曰太原王氏，三曰京兆王氏。宰相十三人①。琅邪有方庆、玙、搏、璠；太原有溥、缙、珪、涯、晙、播、铎；京兆有徽、德真"。这三房王氏中，太原王既是祖籍所在，所出权重名高的人也最多。按《新唐书·宰相世系表》崔氏定著十房，博陵占了三房。十房中共有宰相二十三人，博陵占九人。况博陵大房有沆，字内融，相僖宗；博陵二房有敦礼，字安上，相高宗；造，字玄宰，相德宗，皆失载，两唐书俱有传可证。

王维的母氏属博陵崔氏，其表弟崔兴宗，属博陵崔氏的第二房，陇州刺史崔确的孙子，驸马都尉、博陵郡男崔恭礼的儿子。他自己曾做过右补阙、蜀州刺史、饶州长史。王维与崔兴宗的关系很好，写了很多交游往还的诗。从中可以看出崔的生活。早年的交往诗里表现了他们的壮志与用世态度。如他与王维、王缙、卢象、裴迪同咏的《青雀歌》。崔兴宗的诗"青扈绕青林，翩翾陋体一微禽。不应长在藩篱下，他日凌云谁见心"正表现了这种思想。王维的《送崔九兴宗游蜀》《送崔兴宗》则可以看出崔兴宗正是在出仕、壮怀的思想支配下出外宦游的。二人同咏的《敕赐百官樱桃》诗题下注王维任文部郎中，崔兴宗任右补阙，时天宝十一载（752）的四

① 宰相十三人：按《新唐书》卷七二中华阴王氏表载："孝杰，相武后。"与《旧唐书·则天纪》及两《唐书》中《王孝杰传》记载合，此处漏计。

月一日。王维写的《崔九弟欲往南山马上口号与别》和崔兴宗写的
《留别王维》分别是王维在长安城隅送内弟入南山归隐，崔兴宗酬
答王维送行的，时间当晚于官"右补阙"时。王维的《秋夜独坐怀
内弟崔兴宗》《崔兴宗写真咏》及《与卢员外象过崔处士兴宗林亭》，
崔兴宗写的《酬王摩诘过林亭》当是反映老境的生活。如《崔兴宗
写真咏》诗云："画君年少时，如今君已老。今时新识人，知君旧
时好。"这是王维题在崔兴宗年轻时画像上的一首小诗，这张画像
可以说是记录了他们几十年的友谊。王维《与卢员外象过崔处士林
亭》诗："绿树重阴盖四邻，青苔日厚自无尘。科头箕踞长松下，
白眼看君是甚人。"及卢象同咏："映竹时闻转辘轳，当窗只见网蜘
蛛。主人非病常高卧，环堵蒙笼一老儒。"王缙同咏中："身名不问
十年余，老大谁能更读书。"以及兴宗酬诗："穷巷空林常闭关，悠
然独卧对前山。今朝忽枉稽生驾，倒屣开门遥解颜。"正合崔兴宗
弃官归山十余年来的生活情趣。这些诗也都表明了王氏兄弟与崔兴
宗几十年的关系密切。也可以看出王母崔氏在王家的地位与影响。

　　王维在《请施庄为寺表》中说"臣亡母故博陵县君崔氏"，可
知崔氏当属于博陵安平一支。① 王维出自王、崔世族是荣耀体面的
事。他十五岁后游两京，除了早慧，能诗文之外，恐怕与他出生于
名族有密切关系，故王公贵人都愿与他结交。

---

① 按《新唐书·百官志》上说，文武官一品、国公之母、妻为国夫人，三品以
上母、妻为郡夫人，四品母、妻为郡君，五品母、妻为县君。勋官四品有封者
母、妻为乡君。崔氏去世的时候，王维官阶为从五品上的库部郎中；其弟王缙官
也未见显达，崔氏族望又在博陵，故号博陵县君。

王维究竟生于何年，这是为王维作传的重要问题，不确定他的生年，传便无从写起。但是，对王维的生年，其说不一：一说，王维生于长安元年（701）；二说王维生于如意元年（692）；三说生于圣历二年（699）。这些看法都存在着难以克服的矛盾（详见拙作《王维生年考辨》和《王维年谱》）。我认为王维生于久视元年，卒于上元二年（761）。王维晚年写了上肃宗《责躬荐弟表》，举荐王缙回京任官，获准以后又上了《谢弟缙新授左散骑常侍状》，此状后明书"上元二年五月四日，通议大夫守尚书右丞臣王维状进"，证明此时他仍在世。王缙在凤翔，距长安三百多里，肃宗《答诏》后，其往返于长安、凤翔间，时间不会太久，两兄弟未及见面，王维已卒，可见王维卒时距他上表的上元二年五月四日时间不会很长，所以《旧唐书·王维传》定为七月是近于实际的。以此上推到王缙出生的圣历三年（700），王维至少也享年六十二岁。王维的《哭祖六自虚》诗题下注云："时年十八。"是王维十八岁时为祖自虚送葬时写的。自虚行第六，去世时为开元五年（717），按习惯向上推十七年，正是700年，与王维写此诗时"年十八"正合。

在王氏家族中，按小排行王维是老大，大排行王维是十三。除了同胞弟妹五人外，见诸王维诗文记载的，还有同族从弟王惟祥，曾做过海陵县令。王维写过一篇《送从弟惟祥宰海陵序》，为惟祥出任海陵县令送行。序云：

天子若曰：咨尔三事百辟，寇贼奸宄，震惊朕师，其举吏二千石至墨绶，予将大命于朝，以抚方夏。群从曰惟祥，旧有令闻，克衣成焉，往践乃职，无恫于人，狱货非宝，农食滋硕。浮于淮泗，浩然天波，海潮唾于乾坤，江城入于泱漭。彼有美锦，尔尝操刀，学古入官，倚法为吏，上官奏课，国将大选尔劳，勉哉行乎！唱予和汝。

海陵，属淮南道扬州广陵郡，一个寇盗恣凶的地方，很难治，王惟祥曾宰县，有治绩，故唐玄宗选拔他到海陵去。

从弟王绿，官司库员外郎，虽是王维的族弟，但和他关系很好。王绿聪慧有文才，是一个属清要、喜谈禅的人。王维曾写过一首《赠从弟司库员外绿》诗：

> 少年识事浅，强学干名利。徒闻跃马年，苦无出人智。即事岂徒言，累官非不试。既寡遂性欢，恐招负时累。清冬见远山，积雪凝苍翠。皓然出东林，发我遗世意。惠连素清赏，夙语尘外事。欲缓携手期，流年一何驶。

王维在这首诗里叹年华之逝，嗟仕途不得志，忆早年之识浅，怨处身之险恶，望出世之清隐。他的诗文中像这样与人坦率谈心者不多，可见二人是志同道合的。这首诗是研究王维生平思想重要材料，且有"清冬见远山，积雪凝苍翠"的述景名句。

王维有一首《和陈监四郎秋雨中思从弟据》诗，是写他晚年在一个烟雨的秋天思念在"轻槐落洞门"的山林独处的从弟王据的。

正如诗中所写的："袅袅秋风动，凄凄烟雨繁。……忽有愁霖唱，更陈多露言。平原思令弟，康乐谢贤昆。"诗借谢瞻答谢灵运诗，平原内使陆机思念其弟陆云，谢灵运、谢惠连兄弟才高契合等事表述了昆仲之间的亲密关系。

王维还有一位从弟叫王蕃，是个负气的侠义青年。

王维诗文中记崔氏的不少，是否都是他母舅崔氏一族，尚难确考，但很可能他们都是博陵、清河二崔中的成员。如《崔濮阳兄季重前山兴》里的崔季重，做过濮阳太守，属清河崔氏。王维既称其兄，按宗族年辈当与崔兴宗同辈。晚年居于蓝田山中，与王维别业相去不远。

关系比较明确的是王维《奉送六舅归陆浑》诗里的六舅。诗云：

> 伯舅吏淮泗，卓鲁方喟然。悠哉自不竞，退耕东皋田。条桑腊月下，种杏春风前。酌醴赋《归去》，共知陶令贤。

从诗的首句可知，这位六舅在淮泗一带当过小官吏。从诗的第二句引用后汉卓茂以儒术举为侍郎，给事黄门，迁洛州密县令，在县"劳心谆谆，视人如子，举善而教，口无恶言，吏人亲爱而不忍欺之"[1]，和鲁恭待诏公车，拜中牟县令，"专以德化为理，不任刑

———————————

[1]《后汉书·卓鲁魏刘列传》。

罚",使蝗虫不犯境,化及鸟兽,竖子有仁心[1]的情况看,这位六舅可能在淮泗一带当过县令,且有政绩惠化。王维送其归陆浑,从"退耕"二句和董奉居庐山治病种杏,陶潜归隐庐山赋《归去来兮辞》两个典故分析,似是归陆浑闲居。

其他如《送崔五太守》里的崔五太守,《同崔傅答贤弟》里的崔傅,《同崔员外秋宵寓直》里的崔员外和《过崔驸马山池》里的崔驸马都与王维有交往。

———————————

① 《后汉书·卓鲁魏刘列传》。

早慧诗人：余力文章秀，生知礼乐全

　　王维的童年既是立志读书、奋发上进的时期，又是辗转流徙、生活不太安定的阶段。他出生于太原祁州，世称祁人；后徙家蒲州，遂为河东人。

　　王维的母亲崔氏非常贤惠，她不仅很有教养，也颇懂诗书。丈夫处廉死后，她既担当起这一家人的生活，也给这姊妹弟兄六人以很好的教育。从大家熟知的王维、王缙两兄弟在青年时期就博学，长于诗文，名重京华的情况分析，不难看出这位有教养、有文化的贤惠母亲在他们身上的投影。正因为这位母亲在他们身上倾注了一腔热血，操碎了慈母的心，所以他们才会因事母以孝闻名。虽然她生平没有留下多少可资了解她身世的材料，也没有留下诗篇文章，但她一生的事迹却是一首优美的抒情诗。不要说其余弟妹四人，只就从她怀抱中哺育出来王维这样不朽于史的杰出诗人，王缙这样对历史有一定贡献的名臣辅相，也足以肯定这位妇女的历史功绩。

　　丈夫去世后，没有留下豪富的家产，也没有看到家族里的伯仲有谁为她支撑门势，一个年轻的寡妇，领着六个未成年的孩子，过着迁徙的生活，度日之艰，可想而知。然而她竟能抚养孩子长大成人，并有所成就，足见这位母亲是既勤俭又正派，既严厉又贤惠，既有教养又有能力。在封建礼教统治的社会里，这是很难得的。

《旧唐书·王维传》上说，王维"事母崔氏以孝闻。与弟缙俱有俊才，博学多艺亦齐名，闺门友悌，多士推之"。有其母必有其子，这可以说是王维的家风。对其整个家族影响比较大的是崔氏的佞佛。正如王维《请施庄为寺表》里说的：

> 臣亡母故博陵县君崔氏，师事六照禅师三十余岁。褐衣蔬食，持戒安禅，乐住山林，志求寂静。臣遂于蓝田县营山居一所，草堂精舍，竹林果园，并是亡亲宴坐之余，经行之所。

崔氏佞佛，学禅于北宗普寂，时在开元八年（720）以前，地点在东都洛阳。崔氏奉佛，除了盛唐奉佛之风的影响外，与她因年轻守寡，欲守贞节，又心地慈爱善良有关。在她的影响下，王维"兄弟皆笃志奉佛，食不荤，衣不文彩"[1]。

事情也巧得很，王维刚刚出生，我国伟大的浪漫主义诗人李白也呱呱落地了。十二年后，伟大的现实主义诗人杜甫也降临人间。真可以说是得天时之助，十二年的时间，在我国诗歌发展史上，竟得了人才、天才、地才三位顶天立地的诗人，为"诗莫盛于唐"的

---

[1]《新唐书·王维传》。

我国古典诗歌黄金时代增添了巨子。他们以伟大不朽的创作实践，被人们誉为"诗佛""诗仙""诗圣"①。三人又都早慧，幼年博览诗书，少年即有诗名。李白"五岁诵六甲，十岁观百家""十五观奇书，作赋凌相如"②。杜甫"往昔十四五，出游翰墨场。斯文崔魏徒，以我似班扬。七龄思即壮，开口咏凤凰。九龄书大字，有作成一囊"③。王维九岁知属辞，能文会诗，工草隶，善绘画，名盛当代。④

　　王维不像李白、杜甫，他的诗文里自我表述的不多。但从他现存的诗里知道他少有佳作，在这一点上李白、杜甫又都不及他。如他十五岁时⑤，一天到朋友家做客，看见朋友家客厅里屏风上的云母石画非常好，有所感触，就写了一首五绝《题友人云母障子》：

　　　　君家云母障，时向野庭开。白有山泉入，非因采画来。

　　他的这位友人是谁，尚难考知。但是，他看到朋友家云母石上

---

① 诗佛：王维的别称，维笃信佛教，对佛理造诣颇深，故人称诗佛。诗仙：李白诗才飘逸如仙，人称诗仙。唐白居易《白氏长庆集》卷一九《待漏入阁书事奉赠元九学士阁老》："诗仙归洞里，酒病滞人间。"宋严羽《沧浪诗话·诗评》："人言太白仙才，长吉鬼才；不然，太白天仙之词，长吉鬼仙之词耳。"诗圣：杜甫诗格律严整，为后人楷模，世称诗圣。明杨慎谓李白神于诗，杜甫圣于诗；清王士禛谓李白飞仙语，杜甫圣语。

② 见李白《上安州裴长史书》及《赠张相镐》诗。

③ 见杜甫《壮游》诗。

④ 见《郡斋读书志》："维幼能属文，工草隶，善画，名盛。"又见《王摩诘文集》卷一○《偶然作》："宿世谬词客，前身应画师。"

⑤ 诗题原注注明这首诗是他"时年十五"写的。

天生的图画，能写出这样精彩的小诗，已经可以初步看出王维作为盛唐山水诗派领袖的非凡才能。诗中"自有""非因"，通过前后的因果关系，突出了云母障子上画面的自然美。第三句句尾着一"入"字，则把死物写活。

从十五岁开始，王维不仅开始交友，有了一定的社会活动，而且开始了两京的宦游生活。一天他在去京城长安的路上，路过临潼骊山东北的秦始皇陵墓，看到陵墓规模宏大①，想起这位历史上赫赫有名的皇帝，便写下了五律《过始皇墓》②：

> 古墓成苍岭，幽宫象紫台。星辰七曜隔，河汉九泉开。有海人宁渡，无春雁不回。更闻松韵切，疑是大夫哀。

这首诗虽是王维少作，但律对工整，艺术性很高，标志着王维近体律诗写作已经成熟。③

---

① 据《汉书》《水经注》《元和郡县图志》《括地志》《长安志》等书记载：秦始皇即位，在临潼县骊山东北治陵，动用役徒七十万众，高五十余丈，内院周长五里，外院周长十一里。水银为江海，黄金为凫雁，珍宝之藏，机械之变，棺椁之丽，宫馆之盛，不可胜原。后宫丽人无子者，皆使殉葬。俗谓当陵。据今发掘实地考察，为我国帝王陵最大者。

② 诗题下原注为"时年十五"，系王维十五岁时所写。

③ 清代叶矫然《龙性堂诗话续集》："同题始皇陵诗，王维'星辰七曜隔，河汉九泉开'，许浑'一种青山秋草里，路人惟拜孝文陵'，元好问'无端一片云亭石，杀尽苍生有底功'，侈语、冷语、谩骂语，各有其妙。"

　　王维十六岁时写的一首古体诗《洛阳女儿行》①，很值得重视。王维从十五岁开始宦游，奔走于长安与洛阳，且可能已家居洛阳或嵩山东溪。在洛阳听到莫愁女的传说，又读了梁武帝萧衍《河中之水歌》："河中之水向东流，洛阳女儿名莫愁。莫愁十三能织绮，十四采桑南陌头。十五嫁为卢郎妇，十六生儿字阿侯。……珊瑚挂镜烂生光，平头奴子擎履箱。人生富贵何所望，恨不早嫁东家王。"有所感才借用乐府古题写下这首诗，反映当时的现实生活：

　　　　洛阳女儿对门居，才可颜容十五余。良人玉勒乘骢马，侍女金盘脍鲤鱼。画阁朱楼尽相望，红桃绿柳垂檐向。罗帷送上七香车，宝扇迎归九华帐。狂夫富贵在青春，意气骄奢剧等伦。自怜碧玉亲教舞，不惜珊瑚持与人。春窗曙灭九微火，九微片片飞花琐。戏罢曾无理曲时，妆成只是熏香坐。城中相识尽繁华，日夜经过赵李家。谁怜越女颜如玉，贫贱江头自浣纱。

　　这首诗写一个被权贵宠爱的少妇骄奢淫逸的生活。吃的是金盘盛的脍切鲤鱼，住的是红桃绿柳围绕的画阁朱楼，出门坐的是芳馨华丽的七种香木制成的车，睡的是九华宝帐。她的丈夫放荡骄奢超过了晋朝的石崇，交往的都是像赵、李二家那样的豪门权贵。她长得美丽漂亮，雍容华贵，但内心却非常空虚苦闷。诗的结尾笔锋一

————————————

① 诗题下原注："时年十八。"一作十六。

转，说贫女虽然也很美，却无人怜悯，无人过问。借以慨叹世间的不平，暗喻自己虽少有才华，却不被重视，未得到重用。这首古体诗，无论是思想高度——诗里揭示的社会内容、开掘的生活深度，还是艺术造诣——用典丰富贴切、音律圆熟和谐、结构缜密匀称，都达到相当高度，在盛唐诗作中算是一首优秀的古体诗。

讲到王维少有才华，不能不提及他十七岁时写的《九月九日忆山东兄弟》这首七绝。

开元四年（716），正是李隆基励精图治的时候，政治比较开明，经济迅速发展。特别是宋璟当了宰相以后，善于选拔人才，因材授任，使官员各称其职。宋璟直言敢谏，刑赏无私，是一位有政治长才的宰相。此时，王维正在京城长安，一边交游学习，一边寻找机会，以图进取。

王维中进士以前的宦游大体分两个阶段：第一个阶段是独游；第二个阶段是在十八岁以后，与弟王缙同游。十六七岁的王维独自宦游，身居异乡，因家中母亲领着几个弟弟妹妹，生活又不富裕，怎么会不使这位年虽幼，就已担负起家庭生活重担的王维惦念呢？特别是在重阳佳节，更令人思念远居他乡的亲人。他郊游登高，遥望凝神，写了这首名传千载的七言绝句：

> 独在异乡为异客，每逢佳节倍思亲。遥知兄弟登高处，遍插茱萸少一人。

题目上明标"山东"兄弟，这兄弟自然应居于山东。古时称华山以东为山东，王维家居洛阳或嵩山都可称为山东。① 这时王维的家疑已由蒲州搬到洛阳或嵩山的东溪了。

这是一首传诵千古的名篇，"每逢佳节倍思亲"常被后人引用。首句写自己，突出一个"独"字，抒发了游子独处的孤独之情。那样小的年纪一个人独游，已经够凄凉了，偏偏又在异乡。"异乡""异客"，连用两个"异"字，更增加了诗人独处的孤单寂寞之情，使人倍觉与亲人离别的凄楚，强烈地表现了怀乡之情。正因为前一句把这独处他乡的孤客之情写足了，才自然推出第二句带有哲理性的论断"每逢佳节倍思亲"来。思念亲人之情，不一定逢佳节才有，然却以逢佳节时更为迫切，用一"倍"字，便深化了诗人的思乡之情。又以"每"字点示出这种激情绵绵不断，也暗示出他离家时间的长久。三、四句笔法骤变，写家乡亲人登高赏菊饮酒，这是设身处地的联想。在这阖家欢聚、畅饮菊花酒的节日里，却少了一个重要成员。他设想家里人想念他，却更衬托出他思念家人的心情的真切。

这写法与杜甫《闻官军收河南河北》诗里的"却看妻子愁何在"一样，用反衬的手法突出诗人的情感，然后再感染读者。正如清代张谦宜讲的："不说我想他，却说他想我，加一倍凄凉。"② 他的胞弟王缙也写过一首重阳节思亲诗《九月九日作》："莫将边地比京

---

① 姚奠中《唐诗札记》说：山东兄弟，"一般注者都没有深考王维当时的家究竟在哪里。我认为当时王维的家，根本不在蒲州这一带，而在嵩山之阳。"（《文学遗产》1986年第2期）

② 清张谦宜《纽斋诗谈》。

都，八月严霜草已枯。今日登高樽酒里，不知能有菊花无？”这首诗是否为节日想念胞兄王维而作不宜断言，但受乃兄诗影响则是可以肯定的。

对王维这首诗，历来评价都很高，如清代沈德潜《唐诗别裁集》里就说它“即《陟岵》诗意，谁谓唐人不近《三百篇》耶？”，顾起经亦说王维的诗是“上薄骚雅，下括汉魏”，尽得《三百篇》之精髓。宋代胡元任《苕溪渔隐丛话》后集卷六说：“子美《九日蓝田崔氏庄》云：‘明年此会知谁健，醉把茱萸仔细看。’王摩诘《九日忆东山①兄弟》云：‘遥知兄弟登高处，遍插茱萸少一人。’朱放《九日与杨凝崔淑期登江上山有故不往》云：‘那得更将头上发，学他年少插茱萸。’此三人，类各有所感而作，用事则一，命意不同。后人用此为九日诗，自当随事分别用之，方得为善用故实也。”三个人中，写此诗时王维最年轻，而诗写得却最好。

如果说《题友人云母障子》是王维初显才华，《洛阳女儿行》标志着王维古体诗创作的成熟，这首七绝《九月九日忆山东兄弟》和五律《过始皇墓》则标志着王维近体诗的成熟。王维少年时期留下的诗不多，仅这四首诗就足以证明王维虽在少年，却已经读了不少书，获得了丰富的知识，具备了相当高的艺术修养。把他现存的这几首少作与李白、杜甫的早期艺术实践相比，可以看出，他的艺术修养不仅不比李、杜差，甚至超过了他们。这位少有才华的诗人，少年时期就已经给盛唐诗坛增添了光彩。

---

① 东山：应作“山东”。

从《洛阳女儿行》可以看出，王维对洛阳的地理、古迹、历史掌故、古人逸事都很熟悉。这说明此时他已移家洛阳。究竟什么时间移居洛阳，从他母亲崔氏师事大照普寂三十余年推断，当在开元八年以前，这时普寂正在洛阳。如果王维一家仍住在蒲州（永济），到洛阳师事普寂，道路遥远，交通不便，又是一位有门第的寡居青年妇女，是不大可能的。再从王维写给他"少年吟侣"的祖咏诗《赠祖三咏》中"结交二十载"看，王维到济州做司仓参军是开元九年（721），这首诗写于济州官舍，时间在开元十一年（723），时王维二十四岁。王维居洛阳与祖咏为少年吟侣可能性小，能成为吟侣至少也得十来岁，不过由此已知王维少年时已居洛阳。又从他的父亲官终汾州司马看，其父处廉在世时他们尚未移居洛阳。据此三者推断，王维一家移居洛阳的时间约在开元五年至开元八年之间，王维、王缙两兄弟稍能成立，开始宦游的时期。

在洛阳，王维结识了诗人祖咏[①]，成为最早唱和的少年诗友。王维与祖咏的交往当从少年时起，开元八年又一同赴试京师，开元九年王维中进士后授太乐丞，祖咏落第回洛阳。是年秋王维东谪济州时，曾在洛阳与祖咏会晤。

王维居洛阳时还结识了祖自虚。二人同游长安，隐逸终南山；百花竞艳的春天，在洛阳的金谷园饮酒游乐；在月如白昼的竹林里同衾共枕，过着神仙一样逍遥自适的生活。

可是这位少年好友却于"稚齿"少年，寿促而死于长安。王

---

① 祖咏，洛阳人，开元十二年（724）进士，有文名，殷璠《河岳英灵集》评其诗说"剪刻省静，用思尤苦，气虽不高，调颇凌俗"，人称"洛阳才子"。

维《哭祖六自虚》诗云："余力文章秀，生知礼乐全。翰留天帐览，辞入帝宫传。国讶终军①少，人知贾谊贤。公卿尽虚左，朋识共推先。"少年聪慧英俊，诗文书法俱佳的祖自虚不幸早逝，王维也在长安，或许两人是携伴同游，不幸的是同伴突然故去，此时王维才十八岁。

王维本来就是情感丰富的人，又遇好友疾故，他便用诗笔饱蘸着情感的墨水，写下了《哭祖六自虚》这首五言律的长诗。这样的排律长诗在开元初年，在李白、高适、杜甫等大诗人还未登上诗坛的时候，是不多见的，可见王维诗歌艺术的早熟。王维的情感在"城中君道广，海内我情偏。乍失疑犹见，沈思悟绝缘。生前不忍别，死后向谁宣。为此情难尽，弥令忆更缠"一段诗里充分表达出来，诗人一边叙事，一边抒情，寓抒情于叙事之中，情笃意真。既真挚感人，又形象具体，《哭祖六自虚》是一首优秀的排律。更巧妙的是诗里举出终军、贾谊②两人早慧的事迹来比喻祖自虚。终军十八岁选为博士弟子，贾谊十八岁以能诗属文称于郡中。时王维也是十八岁，莫非自虚也是十八岁乎！

---

① 终军：西汉济南人，字子云，少好学，辩博能文，年十八，上书武帝，拜谒者给事中，累擢至谏大夫，死时年仅二十余，世谓之"终童"。《汉书》卷六四有传。
② 贾谊（前200—前168）：西汉杰出政论家、辞赋家。洛阳人，年十八以能诵诗书属文称于郡中。文帝初年由河南守吴公推荐，得到召见，年二十余为博士，官至太中大夫。力主改革政制，受当时权贵周勃、灌婴等排斥，出为长沙王太傅。渡湘水时，写《吊屈原赋》吊屈原以自伤悼。《汉书》卷四八有传。

东溪诗友：春风何豫人，令我思东溪

　　王维在洛阳住了一段时间即搬到登封县嵩山东侧的东溪。住在东溪与友交游赋诗，且纪其行。《早秋山中作》云：

　　　　无才不敢累明时，思向东溪守故篱。岂厌尚平婚嫁早，却嫌陶令去官迟。草间蛩响临秋急，山里蝉声薄暮悲。寂寞柴门人不到，空林独与白云归。

　　这首诗不仅写了他的东溪草堂，也记述了他居东溪草堂的生活情趣。王维后来还写过一首《座上走笔赠薛璩慕容损》诗，也写道："春风何豫人，令我思东溪。草色有佳意，花枝稍含荑。更待风景好，与君藉萋萋。"这一定是王维早年与薛璩、慕容损交游时，正值阳春三月花恋枝的时刻，想起了他的东溪草堂而写的。

　　东溪在嵩山东侧的五渡河上①，有山有水，土地肥沃，物产丰

_____

①《水经注·颍水》：颍水又东，五渡水注之，其水导源密（嵩）高县东北太室东溪。

富，是个适于读书人生活的好地方。当时不少有名的诗人如李颀①、张諲②等居住在这里，与王维也都是诗酒丹青之友。开元年间高士卢鸿，学识渊博，名闻朝野，唐玄宗把他请到洛阳，授为谏议大夫，固辞不就，回到嵩山东侧的五渡河卢崖寺，筑"东溪草堂"，定居讲学，跟他求学的人很多，极盛一时。

有一次王维外出游宦，从洛阳回嵩山，写了一首《归嵩山作》，具体描述了路上的风光，说明他是回嵩山草堂的。诗云：

> 清川带长薄，车马去闲闲。流水如有意，暮禽相与还。荒城临古渡，落日满秋山。迢递嵩高③下，归来且闭关。

清川即颍水，荒城指登封故城，古渡是登封城西南颍水上的渡口。这几个地方都是嵩山一带的地名，应是由洛阳到嵩山的纪行。

———————————

① 李颀：开元二十三年贾幼邻榜进士及第，调新乡尉，中进士前曾隐居嵩山东溪读书炼丹。如他写的《与诸公游济渎泛舟》诗云："我家本颍北，出门见维嵩。"《东京寄万楚》诗云："颍水日夜流，故人相见稀。春山不可望，黄鸟东南飞。"《缓歌行》诗云："十年闭户颍水阳。"及《宋少府东溪泛舟》都可证他在嵩山东侧东溪隐居。

② 张諲：行第五，宣城人，一说永嘉人，懂易象，善书画，与王维、李颀友善。《唐才子传·张諲传》云："初隐少室下，闭门修肄，志甚勤苦，不及声利。后应举，官到刑部员外郎……与李颀友善，事王维为兄，皆为诗酒丹青之契。"王维《戏赠张五弟諲三首》诗云："吾弟东山时，心尚一何远。""闭门二室下，隐居十年余。"他先隐少室山，后居太室山。王维与李颀、张諲开始交往当在此时。

③ 一作山。

他的《送方尊师归嵩山》更是具体写了嵩山东麓的景色，很能抓住
九龙潭①的特点，说明他居东溪经年，对那个地方很熟悉，因东溪
距此不远，王维常到那里游赏：

> 仙官欲住九龙潭，旄节朱幡倚石龛。山压天中半天
> 上，洞穿江底出江南。瀑布杉松常带雨，夕阳彩翠忽成
> 岚。借问迎来双白鹤，已曾衡岳送苏耽？

王维在嵩山与方尊师的交往恐怕不止这一次，因为住的地方距
离切近，来往必多，所以才那样熟悉。此外，在嵩山居住时他还和
乘如禅师、萧居士、高闲上人有来往，写了《过乘如禅师萧居士嵩
丘兰若》诗，云："无着天亲弟与兄，嵩丘兰若一峰晴。"在此居
住期间王维交游比较多，关系比较密切的是李颀和张谞，如开元
二十三年（735）李颀赴进士试王维写的送行诗《赠李颀》：

> 闻君饵丹砂，甚有好颜色。不知从今去，几时生羽
> 翼。王母翳华芝，望尔昆仑侧。文螭从赤豹，万里走方
> 息。悲哉世上人，甘此膻腥食。

---

① 九龙潭：《清一统志》云："龙潭在登封县东二十五里嵩顶之东，九潭相接，
其深莫测。"《登封县志》云："九龙潭在太室东岩之半山巅，众水咸归于此，盖
一大峡也，峡作九叠，每叠结为一潭。递相灌输，水色洞黑，其深无际，崖嵲险
峻，波涛怒激，登临者至此，辄凛然生畏焉。有石记，戒人游龙潭者：勿语笑以
黩神龙，龙怒则有雷恐。"经实地考察，潭迹仍在。

诗具体写了李颀隐居嵩山学道炼丹的情形。因王维这时仍闲居嵩山，对仕途坎坷愤懑不平，所以，不大赞成李颀赴试，才有诗里结联那样的话。李颀是年中进士调新乡尉，赴任前曾写了一首《留别王卢二拾遗》诗："春风灞水上，饮马桃花时。"表达了他中进士后的得意心情。"留书下朝客，我有故山期。"说明王维与卢象都已任官。卢拾遗指卢象①。王维与卢象都是开元二十三年三月九日前由张九龄引荐任拾遗之官的。

在嵩山居住时期，王维与张諲结识后交往不少，但当时互相酬唱往还的诗文已见不到。从他们后来的回忆中可以对他俩这时的活动有个大概的了解。②

开元二十三年三月九日，王维离开嵩山到洛阳就任右拾遗的官职，从这时起他也就结束了嵩山闲居的生活，他的家从嵩山东溪迁出大约是稍后一段时间的事。他的《留别山中温古上人兄并示舍弟缙》就是他离嵩山到洛阳就任右拾遗时写的。诗一开头就写他"解薜登天朝，去师偶时哲"的新任朝官的情况与喜悦心境。接下来便回忆他居嵩山的生活和他这位道友的情趣：

---

① 《唐才子传》："卢象，字纬卿，汶水人""仕为校书郎、左拾遗，膳部员外郎。授安禄山伪官，贬永州司户参军，后为主客员外郎"。

② 如《戏赠张五弟諲三首》之二就写了张諲在嵩山隐居读书与生活情况："张弟五车书，读书仍隐居。染翰过草圣，赋诗轻子虚。闭门一室下，隐居十年余。宛是野人野，时从渔父渔。"也写了二人亲密的交往："望此去人世，渡水向吾庐。岁晏同携手，只应君与予。"

解薜登天朝，去师偶时哲。岂唯山中人，兼负松上月。宿昔同游止，致身云霞末。开轩临颍阳，卧视飞鸟没。好依盘石饭，屡对瀑泉渴。理齐小狷隐，道胜宁外物。舍弟官崇高，宗兄比削发。荆扉但洒扫，乘闲当过歇。

王维的家为什么从蒲州移居洛阳和嵩山？他父亲死后，蒲州或祁县无显亲可恃，家中又非豪富，洛阳不像长安花费大（特别是嵩山东溪），但游宦、学习的条件不比长安差，这就是他的家移居洛阳和嵩山的原因。

我做了一个粗略的统计：自开元五年正月至开元二十四年（736）十月的约二十年间，也就是王维、王缙两兄弟宦游的时期，唐玄宗在洛阳的时间有八年零十个月。其余除去他外出巡游，小住北都太原等地的时间外，在东都洛阳的时间不比在长安的时间少，亦见洛阳当时的政治、经济、文化地位重要，可与长安相匹。所以，不少读书人客居洛阳，隐身嵩山，以求进取。

还有一个情况值得注意：唐朝的著名诗人中，不管是不是中州人士，几乎无一例外地与洛阳发生过不容忽视的关系。应当讲明的是，在这段较长的时间中，王维也曾多次离开这里，或到长安求仕，或在济州任官，或小出淇上，或外出游历，不过他的家应当是在洛阳和嵩山东溪。

王公贵客：看花满眼泪，不共楚王言

唐朝实行科举考试，主要是进士考试。进士考试分两科：明经、进士。因社会舆论重视进士，轻视明经，所以，文人士子都热衷于进士科。王维亦然。唐代薛用弱《集异记》所写岐王引荐王维投诗于某公主的事，叙王维事迹详细具体：一来能说明王维在京师谋求进士及第积极进行投献的活动；二来能了解他与岐王等贵显交游的一斑：

王维右丞，年未弱冠，文章得名。性闲音律，妙能琵琶，游历诸贵之间，尤为岐王之所眷重。时进士张九皋，声称籍甚。客有出入于公主之门者，为其致公主邑司牒京兆试官，令以九皋为解头。维方将应举，具其事言于岐王，仍求庇借。岐王曰："贵主之强，不可力争。吾为子画焉。子之旧诗清越者，可录十篇；琵琶之新声怨切者，可度一曲。后五日当诣此。"维即依命，如期而至。岐王谓曰："子以文士，请谒贵主，何门可见哉？子能如吾之教乎？"维曰："谨奉命。"岐王则出锦绣衣服，鲜华奇异，遣维衣之，仍令赍琵琶，同至公主之第。岐王入曰："承贵主出内，故携酒乐奉宴。"即令张筵，诸伶旅进。维妙年洁白，风姿都美，立于前行。公主顾之，谓岐王曰："斯何人哉？"答曰："知音者也。"即令独奏新曲，声调哀切，满座动容。公主自询曰："此曲何名？"维起曰："号《郁轮袍》。"公主大奇之。岐王曰："此生非止音律，至于词学，无出其右。"公主尤异之，则曰："子有所为文乎？"维即出献怀中诗卷。公主览读，惊骇曰："皆我素所诵习者。常谓古人佳作，乃子之为乎？"因令更衣，升之客右，维风流蕴藉，语言谐戏，大为诸贵之所钦瞩。岐王因曰："若使京兆今年得此生为解头，诚为国华矣。"公主乃曰："何不遣其应举？"岐王曰："此生不得首荐，义不就试，然已承贵主论托张九皋矣。"公主笑曰："何预儿事，本为他人所托。"顾谓维曰："子诚取解，当为子力。"维起谦谢。公主则召试官至第，遣宫婢传教。维遂作解头，而一举登第。

《集异记》中所叙，王维妙龄英俊，诗情丰盛，才华横溢，心洁如璧，年未弱冠，而举解头，与他十九岁时应京兆府试写的《清如玉壶冰》诗一样：

藏冰玉壶里，水冰类方诸。未共消丹日，还同照绮疏。抱明中不隐，会净外疑虚。气似庭霜积，光言砌月余。晓凌飞鹊镜，霄映聚萤书。若向夫君比，清心尚不如。

岐王，唐睿宗李旦第四子，崔孺人所生。本名隆范，后避玄宗讳，单称范。初封郑王，改封卫王，长寿二年（693）随例入阁，徙封巴陵郡王。神龙元年（705）迁太府员外少卿。景龙年间（707—710）兼陇州别驾，加银青光禄大夫。唐睿宗践祚的景云元年（710）晋封为岐王。开元初拜太子少师，开元八年迁太子太傅。开元十四年（726）薨，册赠惠文太子，陪葬桥陵。李范好学，工书法，雅好结交文章之士，士无贵贱，皆尽礼接待，常与阎朝隐、刘庭琦、张谔、郑繇等篇题唱和。又多喜收集书画古迹，为时人称道。王维与岐王范交游当在开元五年至开元八年间。王维有《敕借岐王九成宫避暑应教》《从岐王过杨氏别业应教》《从岐王夜宴卫家山池应教》诗。

岐王居九成宫时间在开元八年前，他任岐州刺史时。九成宫 [①] 在凤翔府麟游县西一里，从王维诗中所写的"帝子远辞丹凤阙，天书遥借翠微宫"看，是唐玄宗李隆基寄书岐王借九成宫避暑的，岐王向王维讲了这件事，并示意王维写了这首诗。从诗里所写九成宫

---

① 九成宫本隋文帝所置仁寿宫，义宁元年（617）废宫改县。贞观五年（631）复修旧宫，为避暑之所，因山九重，改名九成宫。贞观六年（632）于山下得泉，太宗李世民命魏徵作铭，欧阳询书刻石，称《九成宫醴泉铭》。唐高宗永徽二年（651）改名万年宫，乾封二年（667）复为九成宫。

的环境"隔窗云雾生衣上，卷幔山泉入镜中。林下水声喧语笑，岩间树色隐房栊"看，王维此时应随岐王范在麟游九成宫。王维曾游过岐州凤翔麟游一带山水，由此可证。就写景看，诗的兴象意境鲜明，有声有色，有形有意。

《从岐王过杨氏别业应教》提到杨子谈经，把岐王李范比作好学术的淮南王刘安。王维随李范经过杨氏别业，或者是到杨氏别业与杨子谈经，应岐王之嘱和了这首诗。从整首诗的格律技法看，律对协韵严整，为后人称道。[①] 其实，这首诗最有名、最有特色的要算"兴阑啼鸟换，坐久落花多"一联，乃写花落、鸟啼的绝唱，炼意造词都做到了神工奇妙[②]。所以刘禹锡对花木则吟王右丞诗云："兴阑啼鸟换，坐久落花多。"[③]王荆公晚年的《北山》诗"细数落花因坐久，缓寻芳草得归迟"，就是学王维这两句诗的。

诸王中除李范外，与王维交游的还有宁王李宪、薛王李业。[④]

宁王李宪，睿宗长子，本名成器，初封永平郡王，文明元年（684），立为皇太子，时年六岁。唐隆元年（710）六月晋封宋王。七月睿宗践祚，拜左卫大将军。时将册封皇太子，以成器嫡长当立，而睿宗三子李隆基讨平韦氏叛乱有功，睿宗意久不决。成器固辞皇位，遂立隆基为皇太子。于是敕封成器为雍州牧、扬州大

① 如清代王寿昌《小清华园诗谈》："何谓严？曰：如右丞之'杨子谈经处'……"
② 清人宋征璧《抱真堂诗话》云："王摩诘如'兴阑啼鸟换'，'换'字可谓之奇。"
③ 尤袤：《全唐诗话》卷三，载《历代诗话》。
④《旧唐书·王维传》："维以诗名盛于开元、天宝间，昆仲宦游两都。凡诸王驸马豪右贵势之门，无不拂席迎之。宁王、薛王待之如师友。"

都督、太子太师。开元四年，改名宪，后封宁王。开元二十一年
（733）拜太尉。开元二十九年（741）十一月薨，谥曰让皇帝。

王维与李宪交往甚厚，唐代孟棨《本事诗·情感第一》："宁王
曼（宪）贵盛，宠妓数十人，皆绝艺上色。宅左有卖饼师者妻，纤
白明媚。王一见注目，厚遗其夫取之，宠惜逾等。环岁，因问之：
'汝复忆饼师否？'默然不对。王召饼师，使见之，其妻注视，双
泪垂颊，若不胜情。时王座客十余人，皆当时文士，无不凄异。王
命赋诗，王右丞维诗先成：'莫以今时宠，宁忘昔日恩。看花满眼
泪，不共楚王言。'"

王维这首诗名为《息夫人》，题下原注云："时年二十。"知王
维写此诗时为开元七年（719）。这首诗写得朴实感人，使在座的文
士贵客感动得掉泪，甚至连宁王李宪也被感动，接受了王维的劝
告，把这位美妇人还给了她的丈夫，使夫妻得以团圆。饼师之妻品
德高尚，既不失节，又不忘情，值得钦敬。王维在这件非同小可的
事情上也表现出很高的思想境界，值得赞佩。清代张谦宜评此诗
云：《息夫人》诗"体贴出怨妇本情，又不露王之本情真得《三百
篇》法。止二十字，却有味外味，诗之最高者。"[1] 从这件事看，李
宪之所以能接受王维的意见，王维之所以直言敢谏，说明他与李宪
的关系必非一般人能比。

王维与唐睿宗第五子李业也有很密切的交往，这从《旧唐
书·王维传》中可以看出来。李业于唐睿宗重新即位以后，晋封薛

---

[1]《绲斋诗谈》。

王，拜秘书监，兼右羽林大将军，转宗正卿。李业好学能诗文，颇受唐睿宗爱护。李业生母早丧，事养母以孝闻，抚养同母妹淮阳、凉国二公主遗子逾己子。与兄唐玄宗关系也非常好。一次李业病愈后唐玄宗去看他，还写了一首诗："昔见漳滨卧，言将人事违。今逢庆诞日，犹谓学仙归。棠棣花重发，鸰原鸟再飞。"《旧唐书·王维传》还讲到他与"驸马"交游，这驸马当指光禄少卿驸马都尉裴虚己。

王维与诸王交游的时间下限最晚当在开元八年十月。①

---

①《资治通鉴》："（开元八年）冬十月……上（玄宗）禁约诸王，不使与群臣交结。光禄少卿驸马都尉裴虚己与岐王范游宴，仍私挟谶纬；戊子，流虚己于新州，离其公主。万年尉刘庭琦、太祝张谔，数与范饮酒赋诗，贬庭琦雅州司户，谔山茌丞。"

少有大志：忘身辞凤阙，报国取龙庭

　　王维和同时代的诗人李白、杜甫一样，都少有大志。他的少壮时期不像他后期那样："晚年惟好静，万事不关心。"王维才华横溢，胸怀大志，想走向社会，干一番事业。他那种"风华正茂"的"书生意气"，迸发出火一样的政治热情。为强盛的祖国献身，王维觉得是荣耀的事，值得自豪。这种思想与气质，和当时一些文士一样，有志有识，表现出生机勃勃的盛唐气派。他和祖国一样，正处于励精图治、蓬勃向上的盛年时期。这志向正如他在《送赵都督赴代州得青字》诗里讲的："忘身辞凤阙，报国取龙庭。岂学书生辈，窗中老一经。"他这种读书报国、赴边立功的思想，在这时期写的几首诗里表现得特别突出。如十九岁时写的古体诗《李陵咏》①：

　　　汉家李将军，三代将门子。结发有奇策，少年成壮士。

　　　长驱塞上儿，深入单于垒。旌旗列相向，箫鼓悲何已！日

————————————

① 诗题下原注："时年十九"，知是王维十九岁时写的。

暮沙漠陲，战声烟尘里。将令骄虏灭，岂独名王侍？既失
大军援，遂婴穹庐耻。少小蒙汉恩，何堪坐思此？深衷欲
有报，投躯未能死。引领望子卿，非君谁相理！

王维借描写李陵报效国家的事迹，歌颂李陵的少年英武，慨叹
李陵深受屈辱的不幸遭遇，抒发了他立志要做李陵那样"结发有
奇策，少年成壮士"的将军，报效国家、建功立业的思想。《少年
行四首》正表现了他的这种精神。一写侠少的豪迈气概，二写不怕
苦、不畏死的精神，三写武艺超群的雄姿，四写论功行赏。

王维虽然出身于书香门第，祖上没有叱咤风云的武将，他却受
盛唐时代精神的陶冶，俨然像一位驰骋沙场、百战不殆的英雄。这
组诗的中心是表现侠少"三杯吐然诺，五岳倒为轻"的豪爽意气，
不也可使我们认识青少年时代王维的思想、性格、精神、气质吗？
"为君饮"仿佛就是侠少们劝酒的声口。看来王维这个时期也是和
早期的李白一样，常出入于游侠之间，不仅熟悉他们的生活，置身
于他们的生活，说不定有时竟成为他们之中的一员。所以，把这组
诗与《李陵咏》联系起来分析，更可以从中找出诗人青少年时期的
形象。正如他在《崔兴宗写真咏》里讲的"画君年少时"一样，描
绘出他自己年少时的鲜明形象。

《桃源行》诗题下注云："时年十九。"和《李陵咏》写于同一
年，然而，内容与风格却和《李陵咏》不同。

自晋代陶潜之后，王维的《桃源行》将桃源传说的题材表现出
新的主题。王维将陶诗中对那个无役无税、小国寡民世界的向往，

改为对神仙世界的向往。王维关于桃源传说主题的更新，是受他这时的思想支配，而这种思想又与他所处时代的政治思想、社会风尚有着密切的关系。唐玄宗时期，为了抵消武则天执政时的思想影响，树立李氏王朝自尊的向心力，尊道抑佛，使道教一度盛行。早期的王维多受道教的影响，写了不少宣扬道教迷信思想的诗文，如《贺古乐器表》《贺玄元皇帝见真容表》《贺神兵助取石堡城表》《赠李颀》等。

王维写《桃源行》时，正在风华正茂的十九岁，把早年富艳的才情渗透到那个虚无缥缈的神仙世界中。王维的《桃源行》，风格绮丽，语言活泼自然，艺术造诣超出韩愈、王安石诸人同咏。[①]程千帆先生讲："……少年王维作品中弥漫着的青春的色彩与气息在生动活泼的语言中的自然流露，因而毫无雕琢的痕迹。王维笔下的灵境不是枯寂、凄黯而是幽美、恬适的。他以自在的笔触，描绘了仙源中人自在的生活。"[②]《桃源行》诗中所表现出的这种艺术风格，很像他的前辈张若虚写的《春江花月夜》。正如陈兆奎所讲："秾不伤纤，局调俱雅。前幅不过以拨换字面生情耳。自'闲潭梦落花'一折，便缥渺悠逸。王维《桃源行》从此滥觞。"[③]

王维十九岁参加京兆府试举解头后，到开元九年，他二十二

---

① 王士祯《池北偶谈》："唐宋以来，作《桃源行》最传者，王摩诘、韩退之、王介甫三篇。观退之、介甫二诗，笔力意思甚可喜。及读摩诘诗，多少自在。二公便如努力挽强，不免面赤耳热，此盛唐所以高不可及。"翁方纲《石洲诗话》："古今咏桃源事者，至右丞而造极。"

②《相同的题材与不相同的主题、形象、风格——四篇〈桃源诗〉的比较研究》。

③ 见清王闿运《王志》卷二，《论唐诗诸家源流，答陈完夫问》条所附陈兆奎按语。

岁时才释褐。开元八年他写了一首《送别》诗,《河岳英灵集》《文苑英华》《唐文粹》的题目俱作《送綦毋潜落第还乡》,知此诗是送朋友綦毋潜的。诗云:

> 圣代无隐者,英灵尽来归。遂令东山客,不得顾采薇。既至金门远,孰云吾道非。江淮度寒食,京洛缝春衣。置酒临长道,同心与我违。行当浮桂棹,未几拂荆扉。远树带行客,孤城当落晖。吾谋适不用,勿谓知音稀。①

这首诗是王维劝勉綦毋潜的。从结尾两句看,綦毋潜落第后颇有怨词,王维予以慰藉。从诗的前四句看,他对于当时的唐玄宗君臣的看法是好的,认为在这样圣明的时代连隐者也要出山归附,更不会埋没人才。这首诗的写法迂回曲折,充满了真挚友情,正如沈德潜《唐诗别裁集》里讲的:"反复曲折,使落第人绝无怨尤。"

王维还有《别綦毋潜》《送綦毋校书弃官还江东》,写他与綦毋潜的交往。前者疑写于綦毋潜归家省亲时,诗里在评价綦毋潜的诗时讲:"盛得江左风,弥工建安体。"这是王维的诗学观。江左的宋、齐、梁、陈诗多尚绮丽,讲究艺术美。以曹氏父子为代表的建安诗重风骨,"志深而笔长""梗概而多气"。王维赞扬綦毋潜的诗好在能把两者结合起来。其实,王维诗正是吸取了"江左"与"建安"诗歌的优长,创立了独树一帜的"右丞体"。

---

① 宋蜀刻本题为《送别》。

这一段时间王维虽未中进士、登仕途，他的思想仍积极向上，对社会政治抱有很大希望，对祖国怀着满腔热情。他二十一岁时写的乐府古题诗《燕支行》，格调雄浑奔放，启人奋发。诗云：

> 汉家天将才且雄，来时谒帝明光宫。万乘亲推双阙下，千官出饯五陵东。誓辞甲第金门里，身作长城玉塞中。卫霍才堪一骑将，朝廷不数贰师功。赵魏燕韩多劲卒，关西侠少何咆勃。报仇只是闻尝胆，饮酒不曾妨刮骨。画戟雕戈白日寒，连旗大旆黄尘没。叠鼓遥翻逾海波，鸣笳乱动天山月。麒麟锦带佩吴钩，飒踏青骊跃紫骝。拔剑已断天骄臂，归鞍共饮月支头。汉兵大呼一当百，虏骑相看哭且愁。教战虽令赴汤火，终知上将先伐谋。

这时的王维恐还在继续与友交往，宦游两都。在历史故事的启迪下，其有感于盛唐国势雄威，四境慑服，写下了这首七言长歌。"文以气为主"，这首诗突出的特点，就是写出了撼天动地、囊括宇宙、所向披靡、慑服一切的气势。

开元八年，王维仍在京城，冬参加进士考试，开元九年进士及第。[①]

---

① 姚合《极玄集》："王维，字摩诘，河东人，开元九年进士。"《旧唐书·王维传》："维开元九年进士擢第。"《新唐书·王维传》："（王维）开元初，擢进士，调太乐丞。"

第一章

坎坷萦仕途

王维中进士后，做了太乐丞，但不久被谪济州，心生郁闷。因为宦途的遭遇、生活的变化，王维的思想也发生了很大变化，诗中展现的是宦途失意、被世人冷落的心情。

被谪济州：微官易得罪，谪去济川阴

　　王维中进士后，释褐"调太乐丞，坐累为济州司仓参军"①。他为什么获罪？《太平广记》引《集异记》上讲他："及为太乐丞，为伶人舞《黄师子》，坐出官。《黄师子》者，非一人不舞也。"一人，指皇帝，舞《黄师子》这个节目是供皇帝娱乐的。然而，事情并不那么简单，即或伶人舞《黄师子》能构成王维出官之罪，恐还值得深思。况且，不是宫廷里有喜庆之事，或宫中执事示以上意，王维这个刚就任从八品下的小官怎敢擅自动舞。

　　经考察当时的历史与朝政情况，这件事还有较深的背景。

　　其一，为刘子玄之案牵累。唐代官职，太乐丞不过是太乐令之副，要处分也应处分太乐令，不当先处分王维。经查《旧唐书·刘子玄传》："（开元）九年，长子贶为太乐令，犯事配流。子玄诣执政诉理，上闻而怒之，由是贬授安州都督府别驾。"刘子玄即史

---

①《新唐书·王维传》。

官刘知幾，贬安州后，当年而卒。[①]刘子玄自唐高宗至唐玄宗时期，历任史官二十多年，直言敢谏。唐玄宗与当政宰臣不喜欢子玄之直，借机把他贬出京去。刘贶所犯何事，未及说明，时间却与王维因舞《黄师子》坐罪正合。了解了这件事的真相，不难揭示王维坐罪被贬济州的真谛。王维在《被出济州》诗里说："执政方持法，明君无此心。"他也不了解事情的真相。

其二，唐玄宗于开元八年十月发布了一道禁约诸王与诸大臣交游的禁令，确实有人因此遭贬被流放。裴虚己因与岐王游宴流新州，刘庭琦、张谔因与岐王饮酒赋诗交友分别被贬雅州、山荏。岐王、宁王、薛王与唐玄宗皆兄弟，一向以亲密无间著称。不过，这只是唐玄宗未夺得皇位以前的事。实际上唐玄宗即位后对诸王时有戒心，防范甚严。兹举一事，可见唐玄宗对诸王的真实态度：

先天二年（713）七月，唐玄宗依靠岐王、薛王及兵部尚书郭元振等人，平定了太平公主之乱，以固其位。仅隔四个月，即以"亏失军容"之罪，把郭元振"配流新州"，夺了他的兵权。岐王、薛王第二年七月就分别被出为华州与同州刺史。唐玄宗怕他们生事，让他们都离开了京城。岐王、薛王待之如诗友的王维坐罪被贬，能与此无一点儿干涉吗？王维为诸王朋好之列，不管以什么借口处分王维，都应让他离开京师，不接触为好。关于王维被谪济州的原因，我在《王维年谱》里已有详考。被谪济州的旨令下达后，王维写了一首《被出济州》诗："微官易得罪，谪去济州阴。"说

---

①《资治通鉴·唐纪二十八》："安州别驾刘子玄卒。子玄即知幾也，避上嫌名，以字行。"

明他被谪济州，抒发了他的沮丧心情。唐代殷璠《河岳英灵集》题作《初出济州别城中故人》，可知这首诗是他离开长安时写的。按唐制，进士考试放榜的时间在二月。中进士后不能马上任官，还得参加吏部的释褐考试。这样，他到太乐丞任恐怕得到三月间。从刘贶、裴虚己、刘庭琦、张谔坐罪贬官的时间推断，王维任太乐丞的时间不长，至多到六、七月间。王维离开长安赴济州的路上写了几首纪行诗。《早入荥阳界》云"秋野田畴盛"、《宿郑州》云"秋霖晦平陆"，都说明是秋天。他路过洛阳小住，路上投宿，及千里行程，算来也得半月时间，这样便可推断出王维离开长安的时间当在七月下旬。

王维从长安出发到洛阳可走两条路。水路可走通济渠，经渭水入黄河，到孟津口达洛阳。陆路可过灞桥，出潼关，经渑池、新安到洛阳。这是唐代长安、洛阳来往的官道。秋天"宛洛望不见，秋霖晦平陆"，雨多水涨，三门峡水大流急。因此王维走的是陆路，比较安全。

洛阳是他赴济州的必经之地，亲友多在那里，正好到洛阳（或嵩山）看看母亲与诸弟妹。与家人团聚本来是高兴事，但王维刚登仕途就遭厄运，是难以高兴起来的，所以这次"欢聚"，诗才横溢的王维、王缙两兄弟都无诗流传下来。不过从王维的《寓言》二首里写的"奈何轩冕贵，不与布衣言""须识苦寒士，莫矜狐白温"，可以看出王维对权贵满腹牢骚。这牢骚、这不平之气，与家人团聚时就可能会发泄出来。

王维夜宿武牢，写了《宿郑州》诗，抒发了他与家人分别后的孤独心情，记叙了他到郑州后看到农村秋收季节的景色：

> 朝与周人辞，暮投郑人宿。他乡绝俦侣，孤客亲僮仆。宛洛望不见，秋霖晦平陆。田父草际归，村童雨中牧。主人东皋上，时稼绕茅屋。虫思机杼悲，雀喧禾黍熟。明当渡京水，昨晚犹金谷。此去欲何言，穷边食微禄。

第二天一早，王维乘船从武牢出发，经过荥阳东北的敖仓口入荥泽，写了《早入荥阳界》：

> 泛舟入荥泽，兹邑乃雄藩。河曲闾阎隘，川中烟火繁。因人见风俗，入境闻方言。秋野田畴盛，朝光市井喧。渔商波上客，鸡犬岸傍村。前路白云外，孤帆安可论！

诗详细记述了他在路上的所见、所闻、所感。诗先写荥阳的地理形势，风俗人情；再写田稼秋熟，早市喧闹，河上岸边的景色；最后因道路间关，发出前途渺茫、泛舟何往的慨叹。从"朝与周人辞，暮投郑人宿""明当渡京水，昨晚犹金谷"等诗句和"早入荥阳界"诗题所写的时间看，是三天的事。昨天晚上（第一天）还在金谷园，今夜到郑州住了一夜，明早入荥泽，然后才渡过京水东进，这是第三天的事。这样理解，时间、路线都合。而

"朝""暮""明""昨"，从诗律上讲是对举，且颇工稳。从时间上看也是写实。汜水、荥阳、荥泽、管城等，都属郑州管辖。州的治所唐初曾设在汜水的武牢。所以，王维夜宿武牢，也可以讲是宿到了郑州①。王维东进赴济州时郑州的治所虽已由武牢迁到管城，然沿用旧称也是诗人们写诗常有的事。况且当时由西东进，从武牢，经荥泽，再经广武是正道，一般不必再绕管城。

王维由从八品下的太乐丞降到远州的司仓参军，远到济州是够惨的了。这次"穷边食微禄"的途中，又正当"秋霖晦平陆"的淫雨天气，是很凄凉的，所以写出了"他乡绝俦侣，孤客亲僮仆"的名句，抒发了他被谪、离家、孤舟、远行时的实感真情。

王维由郑州东进，乘舟经汴河到汴州，写了一首《千塔主人》诗："逆旅逢佳节，征帆未可前。窗临汴河水，门渡楚人船。鸡犬散墟落，桑榆荫远田。所居人不见，枕席生云烟。"他过汴州小住访千塔主人，当在仲秋。这与"桑榆荫远田"的景色也合得上。

王维因雨路阻，在汴州小停后，继续向济州进发，中间经过滑州。由汴州到滑州二百一十里，走的是陆路。唐时黄河由滑州、黎阳之间穿过，流向东北入海。在滑、黎相对处设渡口，叫黎阳津，

---

① 《元和郡县图志》卷八：隋开皇三年改荥州为郑州。十六年，分置管州，大业二年，废郑州，改管州为郑州。隋末陷贼，武德四年五月擒建德、王世充，东都平，其月置郑州，理武牢。《旧唐书》卷三八《地理志》一：郑州，隋荥阳郡。武德四年，平王世充，置郑州于武牢，领汜水、荥阳、荥泽、成皋、密五县。其年，又于管城县置管州，领管城、须水、圃田、清池四县。贞观元年，废管州及须水、清池二县，以废管州之阳武、新郑四县属郑州。七年，自武牢移郑州理所于管城。

王维到古滑台城歇脚，正是在黄河上的黎阳津想起丁三，引发激情，写下了《至滑州隔河望黎阳忆丁三寓》：

隔河见桑柘，蔼蔼黎阳川。望望行渐远，孤峰没云烟。故人不可见，河水复悠然。赖有政声远，时闻行路传。

古滑台城与黎阳县城正被黄河隔开，遥遥相对，王维至此，故有"隔河见桑柘"语。黎阳县西北有大伾山，远望可见，故云"孤峰没云烟"。王维从长安出发到滑州已经走了一千七百多里，由滑州到济州尚有三百多里，道路间关，又遭贬谪，只有一小僮仆相伴，那情景与过郑州时的孤独凄凉有增无减。

济州四年：谁有近音信，千里阻河关

王维自开元九年秋到济州司仓参军任上，至开元十四年暮春回长安，共四年半时间。王维在济州交游很广，可考者大都是道士、隐逸、贤者、庄叟，并有诗赠答。王维在公事之余，有一次到济州附近的赵叟家做客，受到赵叟的热情款待，看到赵叟的生活，写下了《济州过赵叟家宴》①：

> 虽与人境接，闭门成隐居。道言庄叟事，儒行鲁人余。深巷斜晖静，闲门高柳疏。荷锄修药圃，散帙曝农书。上客摇芳翰，中厨馈野蔬。夫君第高饮，景晏出林闾。

济州是王维第一次去，在赵叟家赴便宴，当不会在他刚到济州就任的头一年。王维头年到济州就任时已是秋冬，诗写的是秋收后

---

① 诗题下原注云："公左降济州司仓参军时作。"

的季节，可能写于开元十年（722）后。赵叟的生活情趣很像归隐后的陶潜，诗也很像陶潜的《饮酒二十首》之五①。显然，王诗是受了陶诗朴素风格的影响，陶潜其人实际也是后期王维陶醉山林的偶像。赵叟不是一般的农夫，像是一位失意的读书人。所以，他"虽与人境接，闭门成隐居"，乐于过着忙时"荷锄修药圃"，闲时"散帙曝农书"的恬淡闲适生活。从诗里写的不同季节与赵叟对他的热情而又自然的接待看，二人非一般交往，倒很像孟浩然《过故人庄》诗里写的故人。

王维早期受道家思想影响较多，他与道士也有交往。在济州时期，他曾到过东岳泰山，访问过东岳的焦炼师。写过《赠东岳焦炼师》："先生千岁余，五岳遍曾居。遥识齐侯鼎，新过王母庐。……自有还丹术，时论太素初。"《赠焦道士》诗，大约也写于这一时期。

两首诗里写的焦炼师、焦道士疑即一人，是云游五岳三岛、行天缩地、法术高超的道士。从前一首诗写的东岳山松流泉的环境看，王维是亲去东岳的；从询问樵客的诗句推测，王维只是慕名造访，不一定见到了这位游踪不定的焦炼师。

王维在济州时期，可能听到当地传说，或者亲访过少年任侠、解甲归田、遁世东山、晚节为儒的崔录事，使气公卿、论心游侠、中年不得志、谢病客游梁的成文学，卖药不二价、著书盈万言的"老泉石"郑公，以及"安丘樊"霍子等四位贤者，写下了《济上

---

① 《饮酒二十首》之五："结庐在人境，而无车马喧。问君何能尔？心远地自偏。采菊东篱下，悠然见南山。山气日夕佳，飞鸟相与还。此中有真意，欲辨已忘言。"

四贤咏》三首诗。

因为宦途的遭遇、生活的变化，王维的思想也发生了很大变化。这不仅使得他的诗的取材已有别于青少年时期，即便同是写游侠的诗也发生了深刻的变化，少了以前歌颂游侠豪爽义气、为国立功的英雄气概，增加了愤世嫉俗、解甲归田的思想。

这个时期，在公事之余，他除了在与朋友的交往中游历过一些地方，还到过郓州城，游过郓州、汶水一带。他看到了汶阳之田的丰饶富庶，感受了圣人之乡的文明风化，见识了郓州的风土人情和城市的繁华昌盛、行商客旅的交通往来，这一切都给他留下了深刻的印象。[①]郓州城里的酒楼旗亭，说不定王维游郓州时还在这里饮过酒哩。

王维还到过东阿县，游过县南二十余里的鱼山。鱼山一名吾山。鱼山的传说、古迹不少。有名的《瓠子歌》曰："吾山平兮巨野溢，鱼沸郁兮迫冬日。"汉魏时曹操的儿子曹子建每登鱼山俱表终身之志，死后埋在鱼山之下。王维是颇有才华的诗人，与曹子建的情况近似，又慕子建诗才，到郓州怎会不到鱼山看看呢？王维到鱼山谒神女祠，听到一个美丽的传说：济北郡有个才貌兼备的青年叫弦超，魏齐王曹芳嘉平年间，有神女成公智琼下降，与弦超相敬慕。有人怀疑他们有奸情，把这事告诉了监国，监国诘问弦超时，弦超把实情告诉了监国。于是智琼与弦超断绝了来往。五年以后，

---

① 《送郓州须昌冯少府赴任序》："予昔仕鲁，盖尝之郓。书社万室，带以鱼山济水。旗亭千隧，杂以郑商周客。有邹人之风以厚俗，有汶阳之田以富农。齐纨在笥，河魴登俎，一都会也。"

弦超出使将到洛西去，经过鱼山，看见前边的车马行人很像智琼。
弦超赶上前去一看，果是智琼，乃复旧好，同赴洛阳①。王维有感于
鱼山神女与弦超纯真爱情的传说，写下了《鱼山神女祠歌》二首：

《迎神曲》：

> 伏坎击鼓，鱼山之下，吹洞箫，望极浦；女巫进，纷
> 屡舞；陈瑶席，湛清酤。风凄凄兮夜雨，神之来兮不来？
> 使我心兮苦复苦！

《送神曲》：

> 纷进拜兮堂前，目眷眷兮琼筵。来不语兮意不传，作
> 暮雨兮愁空山。悲急管，思繁弦，灵之驾兮俨欲旋。倏云
> 收兮雨歇，山青青兮水潺湲。

神女智琼是劳动人民创造出来，能为百姓赐福的善良之神。诗
中形象细腻地描写了群众祈神的场面。《迎神曲》写神女未来时人
们渴望的心情和迎接神女的情形。《送神曲》写神女将去和去后的情
景。诗可能是王维开元九年谪济州时，看到了农民祈神求雨和听到
神女的传说有感而写，反映了山东、河南、河北一带农村的风俗。
表现出诗人丰富熨帖的感情，关心农事、体恤百姓疾苦的思想。

---

① 关于智琼与弦超的传说，见《述征记》。

王维诗文里多次提到汶阳，自称"汶阳客"①，除了说明他生活在这里几年外，更可以看出他对这块土地的感情。这块土地给予他生活上的滋养，被谪远州的安慰，天伦的乐趣，使他忧闷空寂的思想得到了充实。

王维还到过贝州的清河，清河以临清河水得名。一次他由济州出发，向西北到清河县城去，路上看到了清河一带的景色，有所感写了一首《渡河到清河作》诗，以纪其行：

泛舟大河里，积水穷天涯。天波忽开拆，郡邑千万家。行复见城市，宛然有桑麻。回瞻旧乡国，淼漫连云霞。

短短几句，把他泛舟大河看到黄河水天相接、雄浑无涯的气势，繁盛热闹的城镇和依稀可见的秋田，浮现在读者眼前。结联流露出诗人在水天浩渺的大自然里，孤舟只身，回首遥望故乡而不见的离乡之情。

开元十三年（725），王维在济州与祖咏会晤，有《喜祖三至留宿》："门前洛阳客，下马拂征衣。不枉故人驾，平生多掩扉。行人返深巷，积雪带余晖。早岁同袍者，高车何处归。"祖咏有《答王维留宿》："四年不相见，相见复何为？握手言未毕，却令伤别离。

① 古地名。春秋鲁地。在今山东泰安市西南一带。因在汶水之北。故名。《左传》僖公元年（公元前659）："公赐季友汶阳之田。"即此。《左传》定公十年："齐人来归郓、讙、龟阴田。"注云："三邑，皆汶阳田也。"

升堂还驻马，酌醴便呼儿。语默自相对，安用傍人知。"

从王维诗"积雪带余晖"，知二人相会在这年初冬；从祖咏诗"四年不相见"看，二人从上次在洛阳相会到这次会于济州已相去四年，四年前即开元九年，二人在洛阳相会是秋天，时间正好四年多一点。由此也可了解，王维自开元九年赴济州一直未西归，更未与祖咏、他的母亲崔氏和弟弟妹妹见过面。那次会晤后，祖咏到颍水畔嵩山之阳隐居读书了。这事王维开元十一年在"济州官舍作"的《赠祖三咏》里记载颇为清楚：

> 蟏蛸挂虚牖，蟋蟀鸣前除。岁晏凉风至，君子复何如？高馆阒无人，离居不可道。闲门寂已闭，落日照秋草。谁有近音信，千里阻河关。中复客汝颍，去年归旧山。结交二十载，不得一日展。贫病子既深，契阔余不浅。仲秋虽未归，暮秋以为期。良会讵几日，终日长相思。

可见这首诗是王维惦念这位"结交二十载""少为吟侣"的朋友而写。幼年时期的好友，又是在道路坎坷的远州相逢，确实难舍难分。所以，当祖咏离开济州东去的时候，王维一直送到齐州，写了《送别》："送君南浦泪如丝，君向东州使我悲。为报故人憔悴尽，如今不似洛阳时。"两人难舍难分的感情，在短短的四句诗中和盘托出。"如今不似洛阳时"，字面显豁，含意却深。不仅是地点不同，两人的思想和心情都有一个转折性的变化。这个变化是他们的社会遭遇所造成的。所以，济州之贬，不仅使王维诗的内容起了变化，诗的风格也起了变化。

王维与裴耀卿始交在此时。裴耀卿于开元十二年十月出任济州刺史，开元十四年初离开济州。王维先裴来济，后裴离济。所以，他对这位上司的政绩和为人是了解的。裴耀卿奉诏调离济州时，济州百姓为他立了功德碑，碑文就是王维写的。王维在碑文的末尾就说："维也不才，尝备官属，公之行事，岂不然乎！维实知之，维能言之。"这段话把他与裴耀卿的关系讲出来了。

裴在济州任刺史时，率领百姓排除水患，浚河修堤。皇帝下诏书改任他为宣州刺史后，他怕百姓情绪受影响，工程干不好，把诏书揣在怀里不宣读，暂不离职，继续领着百姓修堤，直到完全竣工，方发书宣言百姓，才离开济州赴宣州刺史任。[①] 王维写此碑文，不仅是终人之托，也是为裴耀卿事迹所感。王维在济州还写了一首《和使君五郎西楼望远思归》诗：

> 高楼望所思，目极情未毕。枕上见千里，窗中窥万室。悠悠长路人，暧暧远郊日。惆怅极浦外，迢递孤烟出。能赋属上才，思归同下秩。故乡不可见，云水空如一。

---

① 对这件事，王维在《裴仆射济州遗爱碑（并序）》中作了具体记载："先是朝廷除公宣州刺史，公惜九仞之垂成，恐众心之或怠，怀丝纶之诏，密金玉之音，率负薪而益勤，亲执扑而弥励。既成，乃发书示之，皆舍畚攀辕，废歌成泣，泪雨济泽，袂阴鲁郊，哀哀号呼，不崇朝而达四境。"

　　"西楼"，拟即郡城的西城楼。从诗人构思这首诗的立足点看，当写于济州时期。诗题中提到的那位使君五郎拟即州守裴耀卿。裴耀卿是一位"龙门则高，宾客不遗下士，非礼不动，出言有章"，礼贤下士的长官。他不仅喜欢诗文，也是出言成章的。① 王维与他同登此楼，举目有感，他写了一首"西楼望远思归"诗，王维才和了这首诗。两诗恐都是登楼遥望故里，从所看到的景物抒发思乡之情的。

　　王维在开元十四年寒食节前不久离开济州任所西归。寒食节的时候，王维已从济州到了广武城，写了《寒食汜上作》："广武城边逢暮春，汶阳归客泪沾巾。落花寂寂啼山鸟，杨柳青青渡水人。"从诗里提到的广武、汜水等地名看，他西归的路线大抵如他东去的路线。从"泪沾巾"句流露的情绪看，不似调回京师任官，倒可能是任满归来。

---

① 《全唐诗》卷一一三收有裴耀卿写的《敬酬张九龄当涂界留赠之作》《酬张九龄使风见示》诗。

淇上徇禄：几回欲奋飞，踟蹰复相顾

开元十四年春，王维回京后未马上任官。他除了奔走于京城长安与东都洛阳外，大部分时间都在嵩山东溪闲居。在这期间他曾与房琯交往，写了一首《赠房卢氏琯》①诗。从诗里的具体描写："浮人日已归，但坐事农耕。桑榆郁相望，邑里多鸡鸣。秋山一何净，苍翠临寒城。"说明王维这年秋天曾到卢氏，看到在房琯惠政抚爱之下，游惰之人咸归故乡卢氏、安于农事的情况，他向往这"萧条人吏疏"、地僻人稀、闲适清静的地方。所以，想投靠这位朋友"将从海岳居，守静解天刑。或可累安邑，茅茨君试营"，到卢氏僻居。

王维为了得到一点儿微薄的俸禄，不得不离开家到淇上谋取一个微不足道的小官。说不定这不是朝廷命官，而是自投故友做僚属。他曾写了《偶然作》六首，其中第三首写于淇上，诗云：

---

① 从房琯历官的事迹推知，他在卢氏县做县令当在开元十四年，《赠房卢氏琯》称颂"达人无不可，忘己爱苍生"，与《旧唐书·房琯传》记载"授虢州卢氏令，政多惠爱，人称美之"正合。

> 日夕见太行，沉吟未能去。问君何以然，世网婴我
> 故。小妹日成长，兄弟未有娶。家贫禄既薄，储蓄非有
> 素。几回欲奋飞，踟蹰复相顾。孙登长啸台，松竹有遗
> 处。相去讵几许，故人在中路。爱染日已薄，禅寂日已
> 固。忽呼吾将行，宁俟岁云暮。

至今我们尚未获得王维到淇上活动的历史资料，但从他的几首诗里可以勾勒出他这个时期行踪的大体轮廓。王维自济州回京以后，历时半年未能任职。开元十五年（727）春，他二十八岁的时候，才到淇上宦游。

王维这样一个才学出众、名噪京华的青年，本想回京后博得一个适当的官职，但事与愿违，失望以后不得不到京外的幕府中谋得一个职务，以便维持这个多口之家的生活。因此，在淇上这段时间他始终是郁郁不乐、消沉低回的。他为什么要到这个地方去，诗里讲得很清楚：小妹眼看已经成人，兄弟已经成年，可是还没有婚嫁，家中素常又没有什么积蓄，不得不谋求一点儿薪俸养家。这时他的大弟弟王缙虽然已经中高才沉沦草泽自举科，可并未任官。

有人认为王维不满于自己的遭遇，虽想归隐山林，却不如晋人陶渊明那样不为五斗米折腰而去官归田有骨气。他的思想中充满了矛盾，"几回欲奋飞"，他也想舍去尘网，可是一想到寡母领着几个弟弟妹妹，又要孝敬母亲，又要维持家里的生计，供弟妹们读书，还得为他们的婚事操心，他虽想奋飞山林，可是怎能只顾个人去过清静生活，不管母亲、弟弟妹妹呢？所以，他总是处于"踟蹰"不

决的矛盾状态。这种内心隐痛造成他郁郁不乐的情绪，反映了他这个时期的思想倾向。

从王维《偶然作》六首之三中的"日夕见太行"和《淇上即事田园》①中"屏居淇水上，东野旷无山"描写的地理环境看，他所到的淇上，应是北临太行山，东南是大平原，位于淇水之滨的共城县（今河南辉县市），不会是距山较远的大平原上的卫县（古朝歌地）②。

王维在淇上这段时间，官微禄薄，公务也不会多，整天过的应是田园牧歌式的亦官亦隐的生活。这就产生了他的《淇上即事田园》这样的诗：

　　屏居淇水上，东野旷无山。日隐桑柘外，河明闾井间。

　　牧童望村去，猎犬随人还。静者亦何事，荆扉乘昼关。

这首诗先写淇水之上的环境地貌，再写农村傍晚的景色，最后写隐者清静闲淡的独处生活。王维借写静者的屏居生活，流露出隐逸思想，并不是他在淇水之上隐居。与其到几百里以外的僻处隐居，还不如在他家居的嵩山东溪哩！

这时期他还和到淇上游历的赵仙舟交游，分别的时候，王维写

---

① 宋蜀刻本题为《春中田园作》。

② 王维所在的淇水上究竟是当时的共城，还是卫县，尚无直接材料可据。卫县本汉代的朝歌，近世之淇县，距苏门山较远。共城在今辉县市附近，距苏门山较近，抬头可望太行山，王维尝游苏门山一带胜迹。古时交通不便，如游苏门山一带胜迹，在卫县就没有共城方便。由此看来，王维所在的淇水上当在共城一带较近实际。

了《淇上送赵仙舟》^①：

> 相逢方一笑，相送还成泣。祖帐已伤离，荒城复愁入。
> 天寒远山净，日暮长河急。解缆君已遥，望君犹伫立。

这首诗写得形象逼真，有感情，从容不迫。"天寒远山净，日暮长河急"两句写景，形象鲜明，像他的《使至塞上》诗里"大漠孤烟直，长河落日圆"两句一样意境开阔。"解缆君已遥，望君犹伫立"写情，真挚动人，犹如李白《黄鹤楼送孟浩然之广陵》诗里"孤帆远影碧空尽，唯见长江天际流"一样，意远情深，耐人寻味。王维送赵仙舟去后，伫立良久，才慢慢地离开了淇水河岸，回到自己的住所。对赵仙舟的事迹我们尚难了解，不过，赵仙舟可能也是在外游历的文士，在淇上与王维相遇，以诗相会，不会是常交的老朋友。

共城县苏门山一带胜迹很多。山顶上有孙登的"啸台"，王维曾不止一次到这个地方游览。苏门山上遍植松柏，浓郁成荫。山下竹林葱绿，啸台正处于这松林密竹之中的山上，闲雅幽静，颇有仙

---

① 关于这首诗的写作时间、地点说法不一。宋蜀刻本《王摩诘文集》、刘须溪校本《王右丞集》、顾元纬本《王右丞诗集》作《齐州送祖三》，唐代殷璠《河岳英灵集》《文苑英华》《唐文粹》《唐诗纪事》作《淇上送赵仙舟》。《河岳英灵集》本最早出，也最接近王维的时代，会更近王诗原貌。况王维另有一首《送别》诗，《万首唐人绝句》作《齐州送祖三》，情调与这首《淇上送赵仙舟》迥别，而与王维开元十三年冬在济州与祖咏会晤时写的诗情调一致。王维不可能在同一时间里写出送同一位友人而情调不同的两首诗。

境圣域的味道。王维诗里赞之曰"松竹有遗处",盖指此了。可见这里的松林竹园王维都游过。

山上还有刘伶的醒酒台,山下有阮氏竹林、嵇康的淬剑池。[①]相传晋代陈留阮籍、谯国嵇康、河内山涛、河南向秀、阮籍的侄子阮咸、琅玡王戎、沛人刘伶等相友善,常宴集于竹林,玄谈赋诗,后称"竹林七贤"。王维诗情盛,又久慕这些前代以诗文著称的名士,定会遍迹松林竹园,寻访这些旧迹,以享雅兴。

从苏门南侧下山,过泉涌水清、波光粼粼的百泉湖,便是白露园。过了白露园再向南走就是百泉河,河畔有一胜境叫梅溪,也是诗人们常游的地方,王维也曾到这里游过。梅溪倚山傍水,种了许多梅花。梅花闲静高雅而又性格刚毅,在雪花飞舞、冰挂悬崖的晚冬给人送来早春的馨香,报来百花争春的消息。中唐诗人张籍也曾到苏门山,游过梅溪,写了一首咏新梅的诗:

自爱新梅好,行寻一径斜。不教人扫石,恐损落来花。[②]

苏门山下的百泉比苏门山更早闻名,早在西周时期的青铜器"利簋"的铭文上就有:"朝食于戚,暮宿于百泉……"[③]《左传》《诗经》上均有记载。百泉早为中州名胜,唐时依然。《辉县志》记

①《图经》云:"山岩有刘伶醒酒台,孙登长啸台,阮氏竹林,嵇康淬剑池,并在寺之左右。"
②《张司业集》卷六《梅溪》。
③ 这件青铜器于 1976 年在陕西省临潼县出土,见《考古》1978 年第 1 期。

载："百门泉（即石泉），一名珍珠泉，一名搠刀泉，出苏门山下，即卫河之源也。中有三大泉，或传为海眼，以竿试之不知所底。汇为巨波，广数顷，渊涵澄澈，荇藻交横，水光山色，互相掩映，洵中土之奇观。"[1] 既然是奇观，闲官淇上的诗人王维怎会不常来此游玩呢！

---

① 清道光年间所修《辉县志》。

长安风雨：尝从大夫后，何惜隶人余

开元十六年（728）冬，王维由淇上回长安。可能是由于张说的引荐，王维约于开元十七年（729）在集贤院做校书郎一类的小官。张说是有名的贤相，也是玄宗朝的功臣，开元十七年复拜尚书左丞相、集贤院学士，以"多引天下知名士，以佐佑王化"著称。[①]就在这时，张九龄也从桂州调回京城，由张说荐为集贤院学士，后为秘书少监、副知院事，成了王维的直接上司。[②]王维与张九龄的交往就是从这时开始的。

王维开元二十二年（734）写的《上张令公》诗里说："学《易》思求我，言《诗》或起予。尝从大夫后，何惜隶人余。"前三句即

---

①《旧唐书》卷九七《张说传》记载：（张说）为开元宗臣，前后三秉大政，掌文学之任凡三十年。为文俊丽，用思精密，朝廷大手笔，皆特承中旨撰述，天下词人，咸讽诵之。尤长于碑文、墓志，当代无能及者。喜延纳后进，善用己长，引文儒之士，佐佑王化，当承平岁久，志在粉饰盛时。
②《旧唐书》卷九九《张九龄传》记载：张说知集贤院事，常（《新唐书》作"尝"）荐九龄堪为学士，以备顾问。说卒后，上思其言，召拜九龄为秘书少监、集贤院学士、副知院事。

回忆他这次与张九龄交往的情况。王维在集贤院任事时间不长，大概在开元十八年（730）十二月张说卒后，张九龄丁母忧南归去职闲居期间。① 他在集贤院时曾与张九龄一块研究《易经》，写诗唱和。

这时张九龄、王维也都与孟浩然有交往。② 王维的诗早有名气，孟浩然的诗亦写得很好。这次交游对他们两人共同成为山水田园诗派的杰出代表，形成相近的风格，具有特殊的意义。

孟浩然满怀"何当桂枝擢，归及柳条新"③ 的希望在这年春试中高中，不料却落第而归。离京时王维曾为孟浩然送行，写了《送孟六归襄阳》诗："醉歌田舍酒，笑读古人书。好是一生事，无劳献《子虚》。"劝朋友回家去过诗酒耕读的田园生活，不要再为仕进奔走。诗虽是劝友，却是借朋友的失意抒发他内心的愤懑。为朋友、为自己都有一肚子的不平之气。

王维在长安与孟浩然的交往过程中结识了华阴太守郑倩之。在

---

① 张九龄于开元二十一年十二月夺哀拜中书侍郎、同中书门下平章事。他丁母忧未足三周年，估计其母去世在开元十九年或二十年间。

② 王士源《孟浩然集》序："（孟浩然）闲游秘省。秋月新霁，诸英联诗，次当浩然，句曰：'微云淡河汉，疏雨滴梧桐。'举座嗟其清绝，咸以之阁笔，不复为缀。丞相范阳张九龄、侍御史京兆王维、尚书侍郎河东裴朏、范阳卢僎、大理评事河东裴总、华阴太守荥阳郑倩之、太守河南独孤策，率与浩然为忘形之交。"此序是王士源于天宝四载（745）写的，他所用的称谓都是写序时的官衔。正如陈贻焮《孟浩然事迹考辨》中讲的："按《旧唐书·职官志》载秘书少监下置丞一员，从五品上；秘书郎四员，从六品上；校书郎八人，正九品上；正字四人，正九品下；等等。后几年王维所任的右拾遗亦仅为从八品上。就资历论，他十六七年在秘书省时不可能为秘书郎，更不可能为丞。就才学而论，似亦不当为正字。所任想是校书郎。"（《文史》1965年6月第4辑）

③《长安早春》。

平时仰慕华山的情况下，其于开元十八年又过华阴，游华山，写了《华岳》这首名诗①。它不仅是一首别具一格的山水诗，也是用诗的语言写成的一篇优美的神话传说。

华山，在陕西华阴县南八里，远望峰形若华（花），人称华山②。王维多年来游两都，西去东往都经过华阴，对华山是熟悉的。这次到华阴听到当地官员、父老要求唐玄宗封华山为西岳的呼声，仔细观察华山的态势，对华山有了"白日为之寒，森沉华阴城"的感受，描绘了"西岳出浮云，积翠在太清。连天凝黛色，百里遥青冥"的博大雄奇的形象；表现了这座巨灵造化而成的神山，"遂为西峙岳，雄雄镇秦京。大君包覆载，至德被群生"的宏伟气魄。这形象、这气势也是王维为盛唐精神陶冶所表现出来的诗人特有的气质，是"直上数千仞，基广而峰峻，叠秀迄于岭表，有如削成"③的华山之客体与诗人的主观意象相融合而形成的审美理想。

相传华山以神灵之验、山势奇险著称。所以，关于华山的形成有一个美丽的神话传说：开天辟地时有一个得乾元之道的巨灵神，看到高大的华山横亘于世，挡住大河，洪流不畅。他便手荡脚踏，

① 清代赵殿成《王右丞集笺注》卷二《华岳》诗按语云："刘昫《唐书》：开元十三年，东封泰山。十八年，百僚及华州父老累表请封西岳，不允。右丞之作，当在是时，故有'神祇望幸久，何独禅云亭'之句。厥后至天宝九载正月，群臣又请封西岳，从之。三月辛亥，西岳庙灾，时久旱，制停封西岳。"
②《华山记》说："华山顶有池，池中生千叶莲华，服之羽化，因名华山。"《白虎通》说："西方华山，少阴用事，万物生华，故曰华山。"《太平寰宇记》则云："远而望之，有若华状，故名华山。"
③《名山记》。

把大山劈开，一为华山，一为中条，大河便从中间奔腾而下。华山
中峰形似莲花，称莲花峰。东峰形似仙人，叫仙人峰。南峰形象像
落雁，谓落雁峰。巨灵神的手足之迹至今仍在，后代好事的人还时
有登山寻此踪迹的。

开元十七年至开元十八年，王维虽有怀才不遇、对社会政治不
满的一面，但总的来讲，比从淇上回长安以前思想安定多了。由于
思想的安定，使他青年时期那种积极向上的思想机制得到恢复。《华
岳》《终南山行》诗即反映了他这时期的思想境界，成为他前期山
水诗的代表作。有人以《终南山》诗的结联为据，认为这首诗反映
了他的隐逸思想，是隐居终南山后的作品，这不符合这首诗的情
调。下面让我们来看看这首诗的具体描写吧！

太一近天都，连山到海隅。白云回望合，青霭入看
无。分野中峰变，阴晴众壑殊。欲投人处宿，隔水问
樵夫。

终南山也称中南山，因在天之中，帝都长安之南而得名。它屈
曲环绕长安南境，是长安城的天然屏障。这是横卧关中、汉中之
间，西起甘、青，东到陕、豫交界的秦岭山脉的中间一段，悬崖峭
壁，孤峰挺秀，风景美丽，是长安的游览区，也是达官显贵、文人
士子、僧道隐逸的墅居之处。

王维这首诗是写终南山的名作，也是他游处终南山的见证。此
诗从多个角度写了终南山的雄伟和广袤。先用夸张与想象写终南山

从西到东绵亘数千里，景象雄丽，气魄宏大；再写它横跨数州，众壑气候差异很大，形成一种特殊的自然态势；最后写山域广大、人烟稀少的环境。前六句写山势，后两句撇开山写人，以人托山，更显示出山势崇峻与广袤。在壮阔之中写景又极细腻。有"积健为雄之妙"①。沈德潜在《唐诗别裁集》卷九里讲："'近天都'言其高，'到海隅'言其远，'分野'二句言其大，四十字中，无所不包，手笔不在杜陵下。或谓末二句似与通体不配。今玩其语意，见山远而人寡也，非寻常写景可比。"律诗炼句，以情景交融为上，情景相对次之，一联皆情，一联皆景又次之。

王维的妻子去世当在开元十九年（731），他三十二岁。②成婚可能在由济州回京到游淇上这段时间，即开元十四年和开元十五年。从他在淇上写的《偶然作》六首之三里写的"问君何以然，世网婴我故。小妹日成长，兄弟未有娶"来看，这里讲的"兄弟未有娶"，是否可以理解为他已娶了妻子呢？我认为是可以这样设想的。如果这个推断合乎实际，则王维结婚五年，他的妻子死后一直未续，又无子女，长期过着孤独的生活。③

这就是王维这四年多的活动情况与生活写照。

---

① 张谦宜《茧斋诗谈》。

② 《旧唐书·王维传》："妻亡，不再娶，三十年孤居一室，屏绝尘累。"《新唐书·王维传》："（王维）丧妻不娶，孤居三十年。"

③ 《酬诸公见过》："嗟余未丧，哀此孤生。""皤然一老，愧无莞簟。"

巴山楚水：赖谙山水趣，稍解别离情

王维集中有一首《不遇咏》诗云：

> 北阙献书寝不报，南山种田时不登。百人会中身不预，
> 五侯门前心不能。身投河朔饮君酒，家在茂陵平安否？且
> 以登山复临水，莫问春风动杨柳。今人昨人多自私，成心
> 不说君应知。济人然后拂衣去，有作徒尔一男儿。

这首诗集中表现了他这个时期宦途失意、被世人冷落的心情。
又赶上他妻子去世，悲愤交加，简直无法再在两都待下去。所以，
他便于开元二十年（732）秋离开长安，开始了他的巴蜀、荆襄
之游。

王维告别了家人亲友，由长安出发，西出咸阳，先到武功的太
白山。太白史称名山，经过这里，应该游历一番。白天他走遍山谷
松林，晚上便到道一禅师的禅院借宿，并写了一首《投道一师兰若
宿》诗：

　　一公栖太白，高顶出云烟。梵流诸壑遍，花雨一峰偏。迹为无心隐，名因立教传。鸟来还语法，客去更安禅。昼涉松露尽，暮投兰若边。洞房隐深竹，清夜闻遥泉。向是云霞里，今成枕席前。岂唯暂留宿，服事将穷年。

　　太白山高大雄伟、峰峦叠嶂，成为我国南北气候分界线的秦岭主峰。峰高入云，耸峙矗立，犹如快要刺破青天一样，故有"武功太白，去天三百""冬夏积雪，望之皓然"的美称，为天下一大奇观。

　　王维知其名，爱其实。对其中的清泉溪流、密竹苍松、峰峦沟壑很感兴趣。特别是对山顶的皓然积雪，犹有特殊的爱好。他作为一位诗人兼画家，特别喜欢画山水雪景，恐怕与太白山雪景的陶冶不无关系。当然，在这样幽深静穆的环境里，又受到道一禅师的热情接待，真可忘掉世间一切烦恼了。

　　太白山距长安足有二三百里，在这里游赏歇脚以后再向西南走，便到了大散关①。过了大散关，经黄牛岭，就到了凤县境内的黄花川。大散关一带山高路险，关控斗绝，道路崎岖，非常难走。可这是由关中到汉中，入蜀的必经之路。王维就是走这条路入蜀的。

---

① 大散关：《宋中兴四朝志》云：大散关隶梁泉县，在凤翔宝鸡县南，为秦蜀往来要道。两山关控斗绝，出可以攻，入可以守，实表里之形势也。《元和郡县图志卷二二·山南道三·梁泉县》云：武德元年析置黄花县……故道水，出陈仓县之大散岭，西南流入故道川。

路虽然难走，也很辛苦，但其中也有不少乐趣。他的《自大散已往，深林密竹，蹬道盘曲四五十里，至黄牛岭，见黄花川①》就是写这段旅途生活的：

危径几万转，数里将三休。回环见徒侣，隐映隔林丘。飒飒松上雨，潺潺石中流。静言深溪里，长啸高山头。望见南山阳，白露霭悠悠。青皋丽已净，绿树郁如浮。曾是厌蒙密，旷然消人忧。

从诗里写的"回环见徒侣，隐映隔林丘"看，这次王维从关中入蜀，不止他一个人，而是结伴同游的。山高路险，崎岖难行，需要走走歇歇。同行的人虽然前后离不多远，却被松林、山石掩隔，时隐时现。这情趣倒像杜甫《北征》诗里写的"我行已水滨，我仆犹木末"一样。走在这山景应接不暇的危径上，看到松叶上的蒙蒙细雨，石中的涓涓清流，他们一会儿在深谷清溪中说说笑笑，议论山景的奇特，一会儿登上大山峰顶长啸高歌，昔日的愤懑忧愁，一下子都消失得无影无踪了。走到山南坡，丽日高照，极目远眺，白云浮游在蓝天之畔，旷野寥廓洁净。近看脚下山原，绿树浓荫，像漂浮在碧绿的湖面上一样，给人以开阔爽朗的感受。仔细体会这首诗，不仅可以了解王维等人从大散关到黄花川行走这段山路的具体

① 黄花川：杜佑《通典》云：凤州黄花县有黄花川。《方舆胜览》云：黄花川在凤州梁泉县，大散水流入黄花川。《清统一志》云：黄花川在汉中府凤县东北一十里，唐黄花县以此得名。

情形，还可以体会到浓烈的诗味，仿佛我们也和王维同游在这处山景中一样惬意有趣。

王维等人入了黄花川，便看到青溪水，因写《青溪》诗以纪其行：

> 言入黄花川，每逐青溪水。随山将万转，趣途无百里。声喧乱石中，色静深松里。漾漾泛菱荇，澄澄映葭苇。我心素已闲，清川澹如此。请留磐石上，垂钓将已矣。

这首诗的题目《文苑英华》作"过青溪水作"，说明诗是王维路过青溪时写的。黄花川里的青溪水是随着山势的回转曲折向前流动的，王维等人正是顺着水的流向走了百里之遥的路程。中间四句写川中景物有声有色，有动有静，宛然如画，形象逼真。王维性喜清闲恬淡，遇此情景，真想滞留磐石，举竿垂钓，陶醉其中了。

据《清一统志》记载，大散关在凤翔府宝鸡县南五十二里，通褒斜大路，也就是王维经太白山进入褒谷到褒城这条路。王维有一首《送杨长史赴果州》诗，虽不是王维的纪行之作，但诗里所记道路他确实曾经走过，也非常熟悉。如写"褒斜不容幰"的褒谷，斜谷之窄而险，"鸟道一千里，猿啼十二时"的山势险峻，情景凄凉。值得注意的是王维写的《送崔五太守》这首诗：

> 长安厩吏来到门，未央露网动行轩。黄花县西九折坂，玉树南宫五丈原。褒斜谷中不容幰，唯有白云当露

冕。子午山里杜鹃啼，嘉陵水头行客饭。剑门忽断蜀川开，万井双流满眼来。露中远树刀州出，天际澄江巴字回。使君年几三十余，少年白皙专城居。欲持画省郎官笔，回与临邛父老书。

诗题点明这是一首送行诗。可是，除了前两句与后四句的一头一尾写送行以外，中间十句都是历述这条路上的地名。从诗里写到的黄花县的九折坂，玉树宫南的五丈原、褒谷、斜谷、子午山、嘉陵江、剑门、双流、刀州（益州）等地名看，正与王维这次入蜀路上写的《青溪》等三首诗纪行路线契合，也可间接证明王维入蜀所到的地方和经过的路线。从诗所记路程可知王维已达凤县。从凤县再向西南走，就进入嘉陵江流域，即诗里写的"嘉陵水头行客饭"；由嘉陵水头再向前走便进入剑州到剑阁；再向西南经绵州、汉州，便到了益州，并在益州逗留游历。

"宿世谬词客，前身应画师"的王维，入蜀时不仅写诗，一路上还画了不少写生画。经世称精于鉴裁的宋代米芾鉴定《宣和画谱》中的七幅《栈阁图》、四幅《蜀道图》，就是王维画的。后人假托王维之名作的《画学秘诀》中有一段关于山水画的理论，虽非王维亲笔，却也符合他的思想：

　　夫画道之中，水墨最为上，肇自然之性，成造化之功。或咫尺之图，写千里之景。东西南北，宛尔目前；春夏秋冬，生于笔下。初铺水际，忌为浮泛之山；次布路岐，莫作连绵之道。主峰最宜高耸，客山须是奔趋。……
山崖合一水而泻瀑，泉不乱流。渡口只宜寂寂，人行须是
疏疏。泛舟楫之桥梁，且宜高耸；著渔人之钓艇，低乃无
妨。悬崖险峻之间，好安怪木；峭壁巉岩之处，莫可通
途；远岫与云容相接，遥天共水色交光。（清代赵殿成笺
注《王右丞集笺注》卷二十八）

王维游成都后，再到梓州①。在梓州小停赏游，又经涪江、合
州，一路上边走边游，大约于开元二十一年暮春到了渝州附近的巴
峡，即杜甫《闻官军收河南河北》诗里写的"即从巴峡穿巫峡"的
巴峡，写下了《晓行巴峡》：

际晓投巴峡，余春忆帝京。晴江一女浣，朝日众鸡
鸣。水国舟中市，山桥树杪行。登高万井出，眺迥二流
明。人作殊方语，莺为旧国声。赖谙山水趣，稍解别
离情。

诗首尾两联是抒情，中间八句是写景。首句"际晓投巴峡"，
正合王维从梓州顺嘉陵江南下，经涪江到渝州的走向。"晴江一女

---

① 从王维后来写的《送梓州李使君》诗："万壑树参天，千山响杜鹃。山中一夜
雨，树杪百重泉。汉女输橦布，巴人讼芋田。文翁翻教授，不敢倚先贤。"其写
梓州一带的山水、风土人情、物产教化都能抓住当地特点。用典用声也很贴切，
可见王维很熟悉这一带情况，也可推知他曾游过梓州。

浣，朝日众鸡鸣"，写早晨江边的景色：女子洗衣，农家鸡啼。"水国舟中市，山桥树杪行"，正是渝州一带山乡泽国水中舟市的景色。将入市井，下船登高眺远，遥遥望见市井屋宇层层叠叠，又见涪江在朝天门与长江汇合，正可谓远眺这万家市井、二流汇注的佳境。"人作殊方语"是写眼前的实景，突出了当地的民情。"莺为旧国声"是由眼前之物引发忆京思乡之情。由此引出结联"赖诣山水趣，稍解别离情"。本来正兴致勃勃地饱览异乡国色，一想起京都与家人，便产生"赖诣"的恹倦情绪。说明王维离家远游已经有一段时间了。

王维在渝州游小三峡，并在渝州逗留了一段时间，即顺江东下，过白帝城，经巴东大三峡，饱览奇峰峻山、急流险滩后到荆襄一带游历。出峡后即画了《三峡图》。

夏天，王维到襄阳再晤孟浩然。这时也正值孟浩然游吴越后回到襄阳的老家。两人于开元十七年在长安相会交游，这是第二次。两位山水田园派诗人，一西来，一东归，偶然相见，喜从天降，相游甚欢。

孟出示新作《晚泊浔阳望庐山》诗："挂席几千里，名山都未逢。泊舟浔阳郭，始见香炉峰。"及《失题》："日暮马行疾，城荒人住稀。"（题目已失，仅存此联。）王维为朋友孟浩然仪态落落的风调所感，画了《襄阳孟公马上吟诗图》。这幅《襄阳图》被后世视为珍品而竞相摹写，两位诗人的相会也传为佳话。在王维的画笔之下把孟浩然"之状，顾而长，峭而瘦，衣白袍，靴帽重戴，乘款段马，一童总角，提书笈负琴而从，风仪落落，凛然如生"的英姿活脱了出来。与王孟同时代人，浩然的朋友王士源《孟浩然集序》中描述孟浩然"骨貌淑清，风神散朗。救患释纷以立义表，灌蔬艺竹以全高尚"。孟浩然诗友李白《赠孟浩然》诗中写"吾爱孟夫子，风流天下闻。红颜弃轩冕，白首卧松云。醉月频中圣，迷花不事君。高山安可仰，徒此揖清芬"。此画与其相符，说明王维是在浩然诗"日暮马行疾"的启发下，亲睹浩然仪容而作的写生画，所以画得逼真传神。

开元十七年冬孟浩然从长安回到襄阳，开元十八年夏又从襄阳北上游东都洛阳，从洛阳东下赴吴越，开元二十一年夏才回到襄阳。回襄阳路过庐山时写了《晚泊浔阳望庐山》诗。这与王维开元二十年秋冬入蜀，夏游荆襄，时间正合得上。所以，才有两位诗人这次有意义的会晤。关于王、孟的这次会游，可以从宋人葛立方《韵语阳秋》的记载中得到证实：

余在毗陵，见孙润夫家有王维画孟浩然像，绢素败烂，丹青已渝。维题其上云："维尝见孟公吟曰：'日暮马行疾，城荒人住稀。'又吟曰：'挂席数千里，名山都未逢。泊舟浔阳郭，始见香炉峰。'余因美其风调，至所舍，图于素轴。"又有太子文学陆羽鸿渐序云："……余有王右丞画《襄阳孟公马上吟诗图》并其记，此亦谓之一绝。故赠焉，以禅中园生画府之阙。唐贞元年正月二十有一日志之。"后有本朝张洎题识云："癸未岁，余为尚书郎，在京师，客有好事者，浚仪桥逆旅，见王右丞《襄阳图》，寻访之，已为人取去。它日，有吴僧楚南挈图而至。问其所来，即浚仪桥之本也。虽缣轴尘古，尚可窥览。观右丞笔迹，穷极神妙。襄阳之状，顾而长，峭而瘦，衣白袍，靴帽重戴，乘款段马，一童总角，提书笈负琴而从，风仪落落，凛然如生。

这是对了解王维、孟浩然交游极为重要、年代较早的一条材料。

王维游巴蜀后，约于开元二十一年秋回到东都洛阳，后又到长安。

第三章
动为苍生谋

维诗

经过张九龄的荐举，开元二十三年三月王维出嵩山就任右拾遗。后张九龄被李林甫排挤陷害左迁荆州长史后，其感到世态炎凉，寂寞孤独，精神上受到沉重打击。

积极入仕：解薜登天朝，去师偶时哲

　　开元二十一年秋王维重回洛阳后，还是过着长安、洛阳两地游的闲居生活，有时也回到嵩山住一段时间。这时期他曾与严挺之[①]、徐峤[②]交往，写有《晚春严少尹与诸公见过》《酬严少尹徐舍人见过不遇》《赠徐中书望终南山歌》等。从前二诗写的："松菊荒三径，图书共五车。烹葵邀上客，看竹到贫家。""公门暇日少，穷巷故人稀。偶值乘篮舆，非关避白衣。"可以看出这时王维仍无官贫居。

[①]　严挺之：《旧唐书》卷九九、《新唐书》卷一二九均有传。挺之，华州华阴县人，少好学，神龙元年制举擢第，授义兴尉。姚崇再入朝为中书令，引挺之为右拾遗。后黄门侍郎杜暹与挺之友善，与中书侍郎李元纮不叶，元纮重宋遥，遥与挺之好尚不同，言于元纮，因出挺之为登州刺史、太原少尹。开元二十年，玄宗思曩日之奏，擢为刑部侍郎，改太府卿。与张九龄友善，九龄入相用挺之为尚书左丞，知吏部选，陆景融知兵部选，皆一时精选。天宝元年九月，寝疾于洛阳。

[②]　徐峤：《新唐书》卷一九九《徐齐聃传附峤传》云："（齐聃），子峤，字巨山。开元中为驾部员外郎、集贤院直学士，迁中书舍人、内供奉、河南尹。封慈源县公。父子相次为学士，自祖及孙，三世为中书舍人。"从《资治通鉴》卷二一四"玄宗开元二十二年"云："上遣中书舍人徐峤赍玺书迎之（张果）。"知峤时为中书舍人。

从《晚春严少尹与诸公见过》诗结尾两句"自怜黄发暮，一倍惜年华"看，王维是想让严挺之与诸公荐举他。

开元二十一年（733）秋，关中水灾，国乏民困，唐玄宗为减轻关中负担，于开元二十二年一月幸洛阳。王维这时仍在长安，他送内弟崔兴宗东去洛阳，写有《送崔兴宗》："已恨亲皆远，谁怜友复稀。君王未西顾，游宦尽东归。塞迥山河净，天长云树微。方同菊花节，相待洛阳扉。"因为唐玄宗在东都洛阳，游宦的人也都到洛阳去了。崔兴宗此去，也是为了游宦。诗当写于夏天，并预言他将于"菊花节"时赴东都。这年夏秋，王维赴洛阳前还写了《京兆尹张公德政碑（并序）》，云："前年不登，人悴太甚，野无遗秉，路有委骨，天子不忍征于不粒，赋于无衣，六军从卫，以临东诸侯，息关中也。"也讲了唐玄宗东幸这件事。文中还表现了王维写实与悯人的思想。

开元二十一年，关中水灾。[①] 开元二十一年十二月，裴耀卿拜黄门侍郎之后，张去奢为京兆尹。张去奢"于国为外戚，于帝为外弟"，尚常芬公主为驸马，唐玄宗之舅。历官秘书丞，郓州刺史，汾州刺史。其守汾时，岁大旱，率众祈雨，感天动地，云兴雨降，解民之困。其为京兆尹，如《京兆尹张公德政碑（并序）》云：

夫京兆号为难理。清静病于不给，刀笔拘于守文；或

---

① 《旧唐书·裴耀卿传》："（裴耀卿于开元二十年冬）迁京兆尹。明年秋，霖雨害稼，京城谷贵。上将幸东都，独召耀卿问救人之术……寻拜黄门侍郎、同中书门下平章事，充转运使。"

以软弱废，或以贼杀劾；把宿负浅为丈夫，用钩距盖非长者。我则异于是。……摧宿豪如薙草无愠色，视大权如历块无傲容。百司之伙，总以奇而得正；五方之人，杂异教而同理。受命之始，先声已振，黠吏恶少，闻风改行。……前年不登，人悴太甚，野无遗秉，路有委骨，天子不忍征于不粒，赋于无衣，六军从卫，以临东诸侯，息关中也。……农始竟耒，女始安织。于是鲐背黄发之老曰："我有田畴，钟秉其亩，我有子弟，颜闵其行，乡党以睦，茕失其独。道路有礼，汰无与争，酒先养老，赇不问吏。

以《碑》文所说，"前年"大旱，今年以尹为治，则《碑》写于开元二十二年。

《上张令公》亦当写于是年。云：

珥笔趋丹陛，垂珰上玉除。步檐青琐闼，方憩画轮车。市阅千金字，朝开五色书。致君光帝典，荐士满公车。伏奏回金驾，横经重石渠。从兹罢角觗，且复幸储胥。天统知尧后，王章笑鲁初。匈奴遥俯伏，汉相俨簪裾。贾生非不遇，汲黯自堪疏。学《易》思求我，言《诗》或起予。尝从大夫后，何惜隶人余。

这首诗除了回忆过去两人的交往，赞扬张九龄的功德，求张九龄汲引外，还表现了王维青壮年时期为民着想、为君辅弼、积极向

上的进取精神，提出"致君光帝典"的宏论。这一思想与稍后杜甫
诗里讲的"致君尧舜上，再使风俗淳"的思想是一致的。王维"致
君光帝典"的目的，是想使唐王朝"从兹罢角觝，且复幸储胥。天
统知尧后，王章笑鲁初。匈奴遥俯伏，汉相俨簪裾"的。"光帝典"
的意思除了用《礼记·大学》中"克明峻德"，申明先帝尧、舜的
圣德外，还有正王纲、整法纪的意思。所以，王维的政治主张是想
让唐玄宗成为尧舜那样彰明圣德、匡正纲纪、富民强国的英明君
主，不完全是为了家庭生计，更不是为了满足个人私欲。这首诗对
研究王维青壮年时期的政治态度是极为重要的。

因为唐玄宗一直在东都洛阳，大臣们也都在这里，实际上唐朝
的政事都在洛阳办。所以，开元二十二年冬至开元二十三年春王维
就住在距洛阳不远的嵩山东溪①。经过张九龄的荐举，开元二十三年
三月出嵩山就任右拾遗。他离开嵩山时曾写了一首《留别山中温古
上人兄并示舍弟缙》诗：

解薜登天朝，去师偶时哲。岂唯山中人，兼负松上月。
宿昔同游止，致身云霞末。开轩临颍阳，卧视飞鸟没。好
依盘石饭，屡对瀑泉渴。理齐小狷隐，道胜宁外物。舍弟
官崇高，宗兄比削发。荆扉但洒扫，乘闲当过歇。

诗里的"天朝"指唐王朝，"时哲"指张九龄。王维听到他拜

---

① 从王维这时期的活动情况推断，疑此时王维的家仍在嵩山东溪。他宦游回洛
阳也多住在这里。

右拾遗的消息后，高兴得脱下隐逸的服装，穿上官服，到朝廷之上，投师贤达了。在嵩山居住时，他和温古上人的关系非常好，一同登山临水，一同就餐，一同歇宿。在即将离开嵩山的时候，写诗留别温古上人，以表宿昔共同游处的友情。这时王缙可能已经任从六品下阶的侍御史或从六品上阶的武部员外郎了。王维与弟王缙关系最密切，所以，这大好的消息自然得告诉他。

　　王维在嵩山居住期间交了不少朋友，其中僧道不少，温古上人、方尊师等都是。《送方尊师归嵩山》一诗就是他在洛阳为方尊师送行而写的。诗不写于嵩山，但可以看出他对嵩山很熟悉，对嵩山山水景物观察非常细致，对嵩山山水景物的特点把握得非常准确。不是久居或常游嵩山的人是不会写出"山压天中半天上，洞穿江底出江南。瀑布杉松常带雨，夕阳彩翠忽成岚"的。由实景出雄语，气魄之大犹能囊括宇宙，笔墨细腻，连瀑布溅到杉松上的小水珠都让你看得一清二楚；形象鲜明，简直要把你置身于一幅悠美的山水画图之中。无怪乎"瀑布"二句被后人称为名句，百读不厌。

　　《唐丞相曲江张先生文集》附录"诰命"中《封始兴县开国子食邑四百户制》中记载，张九龄于开元二十三年三月九日晋封为始兴县开国子、加金紫光禄大夫①。王维有《献始兴公》一诗，从题

----

① 《旧唐书》卷九九《张九龄传》云："二十三年，加金紫光禄大夫，累封始兴县伯。"把"始兴县开国子"与"始兴县伯"搞混了。封"始兴县伯"在开元二十七年。《唐丞相曲江张先生文集》附录"诰命"中《封始兴县伯制》云："金紫光禄大夫、荆州大都督府长史、上柱国、始兴县开国子张九龄右可封始兴县开国伯，食邑五百户。"制文明书为："开元二十七年七月二十二日。"

目称谓和题下原注"时拜右拾遗"看，诗当写于张九龄晋封为始兴县开国子后，王维已在右拾遗任上，然时间也不会距他拜官太久。诗云：

> 宁栖野木林，宁饮涧水流。不用坐良肉，崎岖见王侯。鄙哉匹夫节，布褐将白头。任智诚则短，守仁固其优。侧闻大君子，安问党与仇。所不卖公器，动为苍生谋。贱子跪自陈，可为帐下不？感激有公议，曲私非所求！

右拾遗虽然是从八品上的下级官员，但它"掌供奉讽谏"①，近在帝座，非一般下级官员能比。所以，在这首诗里，王维思想开朗，大胆表述了他的人生哲学、政治观点和用人行事的主张。王维是谨守节操的人。自己宁肯栖居山林、过着孤凄清贫的生活，也不愿去苦苦干谒那些曲私自牟的王侯贵显。他赞扬张九龄不结党营私、不卖公器。王维讲这些不是无原则的吹捧，是有历史事实作根据的。②在盛唐时期，史称张九龄为直言敢谏的贤相。王维表示愿意在张九龄手下任事，不过希望他要出于公心，不要徇私情而重用

①《旧唐书》卷四十三《职官志》二。
②《资治通鉴》："上美张守珪之功，欲以为相，张九龄谏曰：'宰相者，代天理物，非赏功之官也。'上曰：'假以其名而不使任其职，可乎？'对曰：'不可。惟名与器不可以假人，君之所司也。且守珪才破契丹，陛下即以为宰相；若尽灭奚、厥，将以何官赏之？'上乃止。"

他。最重要的是王维在这首诗里反映了他这个时期的思想倾向和政治主张，提出"所不卖公器，动为苍生谋"。他赞扬张九龄事事为天下百姓着想，也有事实可考。其实，他自己也早有赴汤蹈火、卫国立功、为苍生谋的思想。这首诗正集中表现了他一生思想中的积极因素。

王维任右拾遗以后是比较高兴的，正如他这时写的两首《早朝》诗里所讲的：

皎洁明星高，苍茫远天曙。槐雾语不开，城鸦鸣稍去。始闻高阁声，莫辨更衣处。银烛已成行，金门俨骖驭。

柳暗百花明，春深五凤城。城乌睥睨晓，宫井辘轳声。方朔金门侍，班姬玉辇迎。仍闻遣方士，东海访蓬瀛。

从诗里所写的"银烛已成行，金门俨骖驭""方朔金门侍，班姬玉辇迎"和诗的思想情调看，应写于张九龄贬荆州长史以前，王维在右拾遗任上。诗写暮春景色，疑即写于开元二十三年至开元二十四年间。

从开元二十三年春，王维去洛阳任右拾遗开始，到开元二十四年十月唐玄宗回长安，这段时间王维一直在洛阳。后随唐玄宗回长安，仍任右拾遗。李林甫欲蔽塞人主视听，自专朝廷大权，在开元二十四年冬，召集诸谏官训示，曰："今明主在上，群臣将顺之不暇，乌用多言！诸君不见立仗马乎？食三品料，一鸣辄斥去。悔之何及！"①王维为谏官，当也在其中。由于李林甫的媚上诬陷，又与武惠妃串通图谋，裴耀卿、张九龄并罢执政事。

开元二十五年（737）春，王维曾与太子太师徐国公萧嵩、右丞相始兴公张九龄、太子少师宜阳公韩休、礼部尚书杜暹、太子宾客王邱、左丞相稷山公裴耀卿、特进邓公、吏部尚书武都公等，在韦嗣立逍遥谷宴集②。王维写了《暮春太师丞相诸公于韦氏逍遥谷宴集序》以记其事：

时则有太子太师徐国公、左丞相稷山公、右丞相始兴公、少师宜阳公、少保崔公、特进邓公、吏部尚书武都公、礼部尚书杜公、宾客王公，黼衣方领，垂珰珥笔，诏有不名，命无下拜。熙天工者，坐而论道；典邦教者，官司其方。相与察天地之和，人神之泰。听于朝则雅颂矣，问于野则赓歌矣。乃曰狩哉，至理之代也！吾徒可以酒合宴乐，考击钟鼓，退于彤庭，选辰择地，右班剑，骖六骃，画轮载毂，羽幢先路，以诣夫逍遥谷焉！

①《资治通鉴》。
②《旧唐书》卷八八《韦嗣立传》云："嗣立与韦庶人宗属疏远，中宗特令编入属籍，由是顾赏尤重。尝于骊山构营别业，中宗亲往幸焉，自制诗序，令从官赋诗，赐绢二千四。因封嗣立为逍遥公，名其所居为清虚原幽栖谷。"

这段文字把这次宴集的目的、参加的人员、宴集的地点都讲清楚了。关于参加这次宴集人员的情况，赵殿成《王右丞集笺注》的按语里作了考索，这对我们了解这次集游的情况、开元后期朝廷上的政治形势，都是很珍贵的资料。赵按云：

> 篇中所称太子太师徐国公是萧嵩，右丞相始兴公是张九龄，少师宜阳公是韩休，礼部尚书杜公是杜暹，宾客王公是王邱，左丞相稷山公当是裴耀卿。然史传但言封赵城侯，不言封稷山公，当是阙文。余二人未详。据刘昫《唐书本纪》云：开元二十四年十一月，侍中裴耀卿为尚书左丞相，中书令张九龄为尚书右丞相。尚书右丞相萧嵩为太子太师，工部尚书韩休为太子少保。至二十五年四月，张九龄左授荆州长史，不在朝廷矣。是诸公宴集，实在二十五年之春。名贤毕集，觞咏交错，何减金谷、兰亭之会，而篇什不传，德音烟没。惜哉！

从王维的经历来分析，开元二十三年暮春王维才拜右拾遗，开元二十四年春王维与诸公仍随唐玄宗在东都洛阳，冬十月才西归长安，此次集会是在长安临潼骊山附近的清虚谷。张九龄于开元二十五年四月因荐举周子谅获罪，五月官出为荆州长史。王维是年秋出使凉州。序文中提到的这些人全在长安，特别是张九龄，王维能够与诸公同时参加的，只有开元二十五年的春天，可以断定，这次重要集会当在此时，序也写于此时。宴集后不数日，张九龄就到荆州去了。

此序除了是一篇很珍贵的历史资料外，也是一篇优美的山水景物散记。如写逍遥谷的一段文字：

神皋藉其绿草，骊山启于朱户。渭之美竹，鲁之嘉树，云出其栋，水源于室。灞陵下连乎菜地，新丰半入于家林。馆层巅，槛侧趣，师古节俭，惟新丹垩。岩谷先曙，羲和不能信其时。卉木后春，勾芒不能一其令。花迳窈窕，蘅皋涟漪，骖御延伫于丛薄，珮玉升降于苍翠。于是外仆告次，兽人献鲜。樽以大罍，烹用五鼎，木器拥肿，即天姿以为饰，沼毛蘋蘩，在山羞而可荐。伶人在位，曼姬始縠，齐瑟慷慨于座右，赵舞徘徊于白云。袭旒松风，珠翠烟露，日在濛汜，群山夕岚，犹有濯缨清歌。据梧高咏，与松乔为伍，是羲皇上人。且三代之后，而其君帝舜，九服之内，而其俗华胥。上客则冠冕巢由，主人则弟兄元恺。合是四美，同乎一时，废而不书，罪在司礼。

这段文字清腴雅丽，新颖流畅，有详有略，十分得体。详者，让人具体体察到逍遥谷的景物特点，宴会上的美酒佳肴，轻歌曼舞的具体场面；略者，也让人了解逍遥谷的概貌。这就把所写的事物写圆、写美、写具体了。这段文字，层次分明，不枝不蔓，随着作者轻快之笔，把读者引入佳境，使人读了之后，备觉清新，玩味无穷。

王维与诗人李颀、卢象交往最多的时间也在他任右拾遗前后。《赠李颀》诗，就写于他未任右拾遗前，在嵩山闲居的时候。李颀生于何年无资料可考，人称河南颍阳人。开元二十三年中进士，授新乡尉。在新乡当了几年县尉后，即在两都游处。天宝八载（749）至天宝十二载（753）间去世，一生未做过什么显官。所以，《河岳英灵集》评之曰："惜其伟才，只到黄绶。"李颀信奉道教，所以王维的诗首联便说："闻君饵丹砂，甚有好颜色。"赞扬李颀炼得好丹。他是希望李颀"生羽翼"而万里升"昆仑"的，对"甘此膻腥食"的世俗之人是看不惯的。李颀中进士授新乡尉后，写了一首《留别王卢二拾遗》诗：

> 此别不可道，此心当报谁？春风灞水上，饮马桃花时。误作好文士，只令游宦迟。留书下朝客，我有故山期。

诗写于二人同拜拾遗以后，李颀赴新乡尉前，地点在洛阳。卢象拜左拾遗也是张九龄引荐的。这首诗的情调与王维诗的情调完全不同，显然是李颀中进士后的思想反映。不然，李颀不会写出"春风灞水上，饮马桃花时"那样得意的诗句。这两句诗与孟郊中进士后写的"春风得意马蹄疾，一日看尽长安花"类似。

王维与卢象是诗友，也是同僚。如《同卢拾遗韦给事东山别业二十韵给事首春休沐维已陪游及乎是行亦预闻命会无车马不果斯诺》一诗，就写于开元二十四年十月唐玄宗西归、在长安同做谏官时期。从题目所示，当在开元二十五年初春，在诸公宴集逍遥谷之前。

开头四句"托身侍云陛，昧旦趋华轩。遂陪鹓鸿侣，霄汉同飞翻"，点明他们同列朝班，侍奉唐玄宗。"君子垂惠顾，期我于田园"，说明他二人同被韦恒邀请到逍遥谷别业做客。王维与韦恒弟兄也有交往①，特别是在开元二十五年春夏，交往颇多。诗中还交代了中宗幸韦氏别业这件事："侧闻景龙际，亲降南面尊。"诗写得一般，但从中可以看出他与卢象的关系。

王维的《与卢象集朱家》诗也写于此时。从"柳条疏客舍，槐叶下秋城"句，知这首诗写于秋天。结联"语笑且为乐，吾将达此生"则表现了他们同朝奉官的畅达情绪。王维的《与卢员外象过崔处士兴宗林亭》《与苏卢二员外期游方丈寺而苏不至因有是作》《过卢员外宅看饭僧共题》等诗，应写于天宝末年卢象"入为膳部员外郎"时，在京城长安。

大约王维拜右拾遗之后与卢象、崔兴宗、裴迪、弟弟王缙有一次同游，并以青雀为题，各写一诗，以抒情怀。王维的《青雀歌》诗云：

---

① 韦恒：《旧唐书》卷八八《韦思谦传附韦恒传》云："恒，开元初为砀山令，为政宽惠，人吏爱之。会车驾东巡，县当供帐，时山东州县皆惧不办，务于鞭扑，恒独不杖罚而事皆济理，远近称焉。御史中丞宇文融，即恒之姑子也，尝密荐恒有经济之才，请以己之官秩回授，乃擢拜殿中侍御史。历度支左司等员外、太常少卿、给事中。二十九年，为陇右道河西黜陟使。"知韦恒为给事中当在开元二十九年以前的这段时间。

> 青雀翅羽短，未能远食玉山禾。犹胜黄雀争上下，唧
> 唧空仓复若何？

从王维诗中写的"青雀翅羽短，未能远食玉山禾"，卢象的
"何假扶摇九万为"，王缙的"莫言不解衔环报，但问君恩今若为"，
似三人都已任官，但又都表现了更广阔的胸怀与更远大的抱负。从
崔兴宗诗里写的"不应常在藩篱下，他日凌云谁见心"，裴迪写的
"幸忝鸳鸯早相识，何时提携致青云"看，崔、裴二人未有官职，
希望已得官的王维等人提携他们。

张九龄被李林甫排挤陷害左迁荆州长史后，王维感到世态炎
凉，寂寞孤独，精神上受到沉重打击，眼望荆襄，怀念故友，发出
"举世无相识"的慨叹，写下了《寄荆州张丞相》诗：

> 所思竟何在？怅望深荆门。举世无相识，终身思旧
> 恩。方将与农圃，艺植老丘园。目尽南无鸟，何由寄
> 一言。

王维的朋友，有一些是很亲近的，但像张九龄那样给予他政治
上的信任，提拔重用他的却不多。况且，他的政治理想与张九龄的
政治主张一致。他佩服张九龄，敬重张九龄，引为仕途知己。

诗开头用沈约《临高台》诗中"所思竟何在？洛阳南陌头"的
句意，自问自答。他虽然还和平时一样随朝奉驾，可是朝班少同
道，下朝无知音，备觉政治上的孤独和凄凉。他在宦途奔波了十余

年，刚由张九龄这位贤相的提挈而当了谏官，位列朝班，有了施展政治抱负的机会，不料为时不长却遭受这样大的挫折，朝廷失去了贤相，他失去了知己。国家的前途、个人的命运交织在一起，怎能不使他有思念故知之恩的感触呢？他慨叹，他深思。仿佛预感到他也将和张九龄一样遭遇横祸。所以，便产生了归田躬耕的念头。最后他仰望长空，想给故友寄个信，却见不到青鸟的影子，怎不让人更加感到孤独呢！从意象上加强了他对故友的思念之情，达到了言虽尽而情无限的效果。

王维为什么会产生这样的感觉呢？这与张九龄被贬时的政治形势有密切的关系。《旧唐书·张九龄传》云：

> （开元）二十三年，加金紫光禄大夫，累封始兴县伯（应为始兴县开国子）。李林甫自无学术，以九龄文行为上所知，心颇忌之。乃引牛仙客知政事，九龄屡言不可，帝不悦。二十四年，迁尚书右丞相，罢知政事。……初，九龄为相，荐长安尉周子谅为监察御史。至是，子谅以妄陈休咎，上亲加诘问，令于朝堂决杀之。九龄坐引非其人，左迁荆州大都督府长史。

张九龄罢知政事，左迁荆州长史，主要原因是李林甫的陷害。周子谅事件不过是个借口，况且周子谅也和张九龄一样是位直臣，他身为谏官，谏诤朝廷是本职工作，以此获罪是不公允的。《旧唐书·李林甫传》有一段话也指明张九龄获罪的原因：

玄宗籍前事，以九龄有党，与裴耀卿俱罢知政事，拜左、右丞相，出挺之为洺州刺史，元琰流于岭外。即日林甫代九龄为中书、集贤殿大学士、修国史；拜牛仙客工部尚书、同中书门下平章事，知门下省事。监察御史周子谅言仙客非宰相器，玄宗怒而杀之。林甫言子谅本九龄引用，乃贬九龄为荆州长史。

自此，李林甫独揽朝政大权，一味取悦唐玄宗。唐玄宗更加糊涂昏庸，信任李林甫，一切政事，都委于林甫。自此朝廷上下，没有人敢直言政事。①

就在这年的秋天，王维去谏官职，被派往凉州抚军去了。

①《资治通鉴》："上（玄宗）即位以来，所用之相，姚崇尚通，宋璟尚法，张嘉贞尚吏，张说尚文，李元纮、杜暹尚俭，韩休、张九龄尚直，各其所长也。九龄既得罪，自是朝廷之士，皆容身保位，无复直言。"

凉州烽燧：关山正飞雪，烽戍断无烟

开元二十五年（737）秋至开元二十六年（738）秋，王维以监察御史的身份奉命出使凉州，兼凉州节度府判官。

自武德元年（618）至此一百二十年，经过武功文治，出现了开元全盛时期。[①] 这个盛明之世，为盛唐文士提供了为君辅弼、经邦济世的现实条件，造就了他们胸襟开阔、志向远大、富于理想、赴边创业的时代精神。

"于史、子、《苍》《雅》、纬候、钤决、内学、外家之说，苞并总统，无所不窥"[②] 的王维，也和他同时代的高适"万里不惜死，一朝得成功。画图麒麟阁，入朝明光宫"[③] "故交负灵奇，逸气抱謇谔。

---

① 《新唐书·食货志》："是时，海内富实，米斗之价钱十三，青、齐间斗才三钱，绢一匹钱二百。道路列肆，具酒食以待行人，店有驿驴，行千里不持尺兵。天下岁入之物，租钱二百余万缗，粟千九百八十余万斛，庸、调绢七百四十万匹，绵百八十余万屯，布千三十五万余端。"

② 明代顾起经《题王右丞诗笺小引》。

③ 《塞下曲》。

隐轸经济具，纵横建安作"①，李白"申管晏之谈，谋帝王之术，奋其智能，愿为辅弼，使寰区大定，海县清一"②一样，也是想"忘身辞凤阙，报国取龙庭；岂学书生辈，窗中老一经"，戎马边塞，报效国家，干出一番轰轰烈烈的事业。

开元二十五年三月，河西节度府副大使崔希逸与吐蕃大将乞力徐战于青海，获胜。王维奉唐玄宗是年九月十五日敕③，从长安出发到河西凉州，宣慰边地获胜的将士。既然是九月十五日下的敕书，王维由长安出发赴凉州，至迟也不过十七八日。他经咸阳、奉天、邠州、安定、平凉，过萧关④。王维到萧关遇到进京传递消息的候吏，了解了燕然都护府的情况。在秋高气爽的深秋，跨关越塞，看到塞外征蓬、天空飞雁、大漠孤烟、长河落日等大自然的博大形象，诗人胸怀宇宙，诗兴勃发，写下了《使至塞上》这首五言律的名诗：

单车欲问边，属国过居延。征蓬出汉塞，归雁入胡天。大漠孤烟直，长河落日圆。萧关逢候吏（顾元纬本作"骑"），都护在燕然。

①《淇上酬薛三据兼寄郭少府微》。
②《代寿山答孟少府移文》。
③《王摩诘文集》卷三《为崔常侍谢赐物表》云："臣某言，总管关敬之至，奉九月十五日敕，吐蕃赞普公主信物金胡瓶等十一事，伏蒙恩旨，特以赐臣，捧戴惭惶，以抃以跃。……"
④ 萧关：据《史记正义》及《元和郡县图志》记载，萧关，即古陇山关，萧关故城在原州平高县东南三十里，平凉西北的县界上，是唐时由长安出发北路出塞，到河西去的重要关隘。

　　诗首联起势平实奇特，结联自然妥帖，含不尽之意。尤其是中二联，以广阔的大沙漠作衬底，以天高气清的秋天作背景，以长河、落日、孤烟、归雁、征蓬五种事物组成一幅完整的立体图画。四句诗中的"出""入""直""圆"，便使这幅鲜明的图画有了动势，成为一幅包蕴着生命活力的图画。塞外景象，开阔鲜明，如在目前。正如曹雪芹在《红楼梦》第四十八回里借香菱的口所说："我看他'塞上'一首，内一联云：'大漠孤烟直，长河落日圆。'想来烟如何直？日自然是圆的。这'直'字似无理，'圆'字似太俗。合上书一想，倒像是见了这景的。要说再找两个字换这两个，竟再找不出两个字来。"边景如画，能如此恰切地表现出来，正可以看出王维写景的功力。过萧关后，再经兰州，到达河西节度使[①]幕府所在地的凉州。

　　王维到达凉州的时间约在十月中旬，最晚也不会迟于十一月初。[②]

　　王维到凉州后，也曾到各地监察，了解军情。《出塞作》这首诗就是他作为御史，监察塞上所作。按照诗题原注"时为监察，塞上作"和首颔两联所指地名与所写塞外景象看，王维到凉州后不

---

① 河西节度使管辖有赤水军、大斗军、建康军、宁寇军、玉门军、墨离军、豆卢军、新泉军、张掖守捉、交城守捉、白亭守捉等。（参阅岑仲勉《隋唐史》）
②《为崔常侍祭牙门姜将军文》："维大唐开元二十五年，岁次丁丑，十一月辛未朔四日甲戌，左散骑常侍河西节度副大使摄御史中丞崔公，致祭于故姜公之灵。"

久，曾去过张掖北的居延城①。诗云：

> 居延城外猎天骄，白草连天野火烧。暮云空碛时驱
> 马，秋日平原好射雕。护羌校尉朝乘障，破虏将军夜渡
> 辽。玉靶角弓珠勒马，汉家将赐霍嫖姚。

前四句写秋日广阔的大沙漠上，匈奴在居延城外，长满白草的原野上燃起熊熊烈火，驱马射雕，正在进行打猎活动。这是王维在张掖北"目验天骄之盛"，亲眼看到的情景，是实写。秋冬射猎就是练兵，王维正是把这"天骄"不可一世的气焰当成一次战斗。下半首诗便接写唐军调兵遣将，以御此战，结果大获全胜，将帅受赏。这是诗人的想象，是虚写。诗虽皆以典实作喻，却用得恰切自然。张焰于前，灭焰于后，以更大的气魄，力夺前势，前后对比中显胜，正是王维写这类诗的一个突出特点。这时的王维，正当壮年的才气极盛之时，出使凉州，观军塞外，吟诗声出金石，气概挥斥八极。正如清方东树《昭昧詹言》中说的：

> 前四句目验天骄之盛，后四句侈陈中国之武，写得兴
> 高采烈，如火如锦，乃称题。收赐有功得体。浑颢流转，

---

① 居延城：在居延海南。据《史记·五帝本纪》正义引《括地志》载，居延海距张掖"千六十四里"。《元和郡县图志》作"在县东北一百六十里"，《考证》疑为"一千六百里"。居延海即今内蒙古额济纳旗北境噶顺、索果诺尔。若沿黑河过流沙至居延，与《括地志》里数正合。

一气喷薄，而自然有首尾起结章法，其气若江海之浮天。

从王维到凉州的时间看，他并没有亲身经历开元二十五年三月崔希逸与吐蕃大将乞力徐的战争。到河西凉州后这段时间，他只遇到了这年冬天匈奴围困酒泉的一次较小规模的战斗。一天，他正到凉州西部巡察军事守备情况，途中看到扬鞭策马疾速飞驰的军使，得知酒泉被围的紧急军情。用乐府旧题《陇西行》写下了他的感受：

> 十里一走马，五里一扬鞭。都护军书至，匈奴围酒泉。关山正飞雪，烽戍断无烟。

引起这次战斗的原因，接到军书后将帅们如何调兵遣将，战斗的场面、胜负如何，都未写。这首诗只是突出军使在漫天飞雪里策马疾驰、投递军书的一个特写镜头，从侧面写了这次战斗。通过"一走马""一扬鞭""十里""五里"，像风驰电掣般地瞬息闪过的鲜明形象，节奏短促，字晓韵畅，渲染了这次十万火急的紧张战斗气氛。这是诗人王维兼边地幕府长官的实地经历和亲身感受。

从这首诗的基调看，紧张是紧张，然而惊定之后，却可以使人自然得出战斗胜利的结论。这次战斗规模并不大，王维却把它写得有声有色，十分动人，证明壮年的王维诗艺已经达到炉火纯青的境界。

在我国西部边地的守疆战士有一种风俗习惯，即在秋冬"草黄马正肥"的季节，举行赛马祭祀"越骑神"的活动，庆祝一年的胜利，预祝来年的成功。王维到凉州后，不仅常到军民中体察情况，还和战士、百姓一块参加祀神赛马的活动。《凉州赛神》这首诗就记叙了他参加祭祀"越骑神"的活动。这次活动是在凉州城南郊天梯山百尺峰下举行的，这里人烟稀少、场地开阔，是赛马的好场所。正如诗中所写的：

凉州城外少行人，百尺烽头望虏尘。健儿击鼓吹羌笛，共赛城东越骑神。

诗的首句写平时，概括地描绘了凉州郊外的环境；二句写远景，点出虏骑在远处的活动情况；三、四句写战士与百姓共同赛神的情景，表现了边地战士与百姓抗击入侵者的英雄气概和必胜决心。诗写得活灵活现，如在目前。

与《凉州赛神》诗情况近似的是，王维到凉州郊外游历，看到百姓庆祝丰收，祭祀田神（谷神）的生动场面写成的《凉州郊外游望》。诗云：

野老才三户，边村少四邻。婆娑依里社，箫鼓赛田神。洒酒浇刍狗，焚香拜木人。女巫纷屡舞，罗袜自生尘。

在人烟稀少的边城郊外，在箫鼓声中，女巫翩翩起舞。一边洒酒，一边焚香，向主宰五谷丰歉的田神祈福。表现了群众对当年收获的庆祝、来年丰收的期望。诗把群众的生活习俗、思想感情，形象鲜明地呈现在读者面前。

王维在凉州河西节度使幕府，除了到各地监察军事守备工作，慰问将士以外，还有一些交往迎送的活动，这些活动大都在开元二十六年（738）春夏。

《送刘司直赴安西》这首诗就是王维在塞外（疑即在凉州）送刘司直赴安西时写的。刘司直，名不详，司直是官名，属大理寺，从六品上。从诗里所写的内容看，刘司直是奉旨从长安出发，到安西都护府去参谋军务，经过凉州，两人会晤后，王维送这位朋友的。时间当在大雁北归的暮春三月。

这首诗在写法上颇具特色，它打破了一般送行诗的写法，着笔即写边地的荒凉："绝域阳关道，胡沙与塞尘。三春时有雁，万里少行人。"以衬托行人的羁旅之苦。下半首"苜蓿随天马，蒲桃逐汉臣。当令外国惧，不敢觅和亲"，借历史事实，表达了王维希望唐朝像汉朝武帝时那样强盛，不受侵扰。诗格调雄浑，真切感人，表现了王维的气魄与对朋友的深情。然而从字面上看，八句诗却无一字讲到送行。

《送崔三往密州觐省》中"路绕天山雪，家临海树秋"的"天山雪"，指崔三由凉州附近雪山脚下出发；"海树秋"，指崔三到密州恐怕就到了秋天。密州，唐属河南道，东距海仅一百六十里。崔三是谁，不得详知，然从诗里写的"南陌去悠悠"——从城南郊，"东郊不少留"——送至东郊，和"同怀扇枕恋，独念倚门愁"所揭示的情况看，王维与崔三两人的关系很好，说不定崔三就是王维舅氏的同族，还有亲戚关系呢！

凉州城南，都野泽旁有晋朝张寔开凿修建的亭池，叫灵云池，是凉州游宴送行的地方。高适于天宝十三载（754）秋在凉州写的《陪窦侍御泛灵云池》《陪窦侍御灵云南亭宴，诗得雷字》[①]中的灵云池就是这个地方。现存王维的诗就有两首是写他在凉州灵云池送亲友的，一首是《灵云池送从弟》，一首是《双黄鹄歌送别》。前者写王维有一从弟（名不详）到凉州[②]，兄弟相处甚洽，临离开凉州时，王维曾在灵云池南亭上为从弟置酒饯行，金杯缓酌，清歌艳舞，却掩饰不住离别的凄凉之情，正如诗中所写：

> 金杯缓酌清歌转，画舸轻移艳舞回。自叹鹡鸰[③]临水别，不同鸿雁向池来！

《双黄鹄歌送别》一诗也是写王维凉州节度使府任判官时期的

---

① 《陪窦侍御灵云南亭宴，诗得雷字》序："凉州近胡，高下其池亭，盖以耀蕃落也。幕府董帅雄勇，径践戎庭，自阳关而西，犹枕席矣。军中无事，君子饮食宴乐，宜哉。白简在边，清秋多兴，况水具舟楫，山兼席台，始临泛而写烦，俄登陟以寄傲。丝桐徐奏，林木更爽，觞蒲萄以递欢，指兰茝而可掇。胡天一望，云物苍然。雨萧萧而牧马声断，风袅袅而边歌几处。又足悲矣。员外李公曰：'七日者何？牛女之夕也；夫贤者何得谨其时？'请赋《南亭诗》，列之于后。"
② 王维诗中提到的从弟有司库员外王绿和王蕃、王据、王惟祥等，这位从弟是谁尚难确知，但从诗中所用典故看，两人的关系是很密切的。
③ 赵殿成《王右丞集笺注》："《毛诗》曰：（鹡鸰）水鸟也，大如雀，高足长尾，尖喙颈黑，青灰色，腹下正白，飞则鸣，行则摇。又曰：鹡鸰在原，兄弟急难，鹡鸰共母者，飞吟不相离。诗人取以喻兄弟相友之道也。"

生活。① 写王维非常隆重地送别一位友人。"不得已，忽分飞，家在玉京朝紫微。"写他们不得已而分别，被送者将要回京城长安。"悲笳嘹唳（何义门作'泪'）垂舞衣，宾欲散兮复相依。几往返兮极浦，尚徘徊兮落晖。"表现了离别时恋恋不舍的真挚感情。"鞍马归兮佳人散，怅离忧兮独含情。"写被送者离去以后诗人怅惘的感情。被送者是谁？诗里没明讲。从送行的隆重场面与王维和他的关系推测，疑即崔希逸及其随行人员。从时间上分析，能临水于池亭相送，在凉州那样寒冷的气候条件下，恐怕要到暮春初夏了。崔希逸奉旨回京，正是夏天，时间也合。②

崔希逸回长安以后，时间不长（至迟也不会到秋天），约在夏末，王维也回到长安。见到好友，格外亲切，正值源长史出使岐州，王维写了《送岐州源长史归》诗送行。时在崔常侍（崔希逸）殁后。诗云：

握手一相送，心悲安可论。秋风正萧索，客散孟尝门。故驿通槐里，长亭下董原。征西旧从此，旌节向河源。

从诗里提及的"槐里""董原""河源"等地名分析，王维是送源长史从长安西归岐州，不会是从凉州东归岐州。岐州属关内道

①《双黄鹄歌送别》诗题下原注："时为节度判官，在凉府作。"
②《资治通鉴》："（开元二十六年）夏，五月，乙酉，李林甫兼河西节度使。丙申，以崔希逸为河南尹。"

凤翔府扶风郡管辖。"槐里"在兴平县城下，是个驿站。东距咸阳四十五里，西距武功六十五里，是长安与岐州之间的驿站。"堇原（槿原）"，也是秦中地名，据宋之问诗句"人悲槐里月，马踏槿原霜"看，应是离槐里不太远的一个驿站。从"秋风正萧索"看，诗写于秋天，王维已回长安。

在王维的同僚与上司中，除张九龄外，关系好且受到王维尊重的，崔希逸算得上一位。不然，他这位名气大、才气高的名士是不会轻易把崔常侍比作"孟尝君"的。所以，王维回长安以后替崔希逸办了两件他终生释憾的事。

第一件事，王维帮助崔希逸为他夫人李氏的父亲超度作西方净土变，以追冥福。他还专为崔希逸写了《西方变画赞（并序）》，序文中有一段文字讲了这件事：

> 西方净土变者，左常侍摄御史中丞崔公夫人李氏奉为亡考故某官中祥之所作也。夫人门为士族之先，道为梵行之首。大师继踵，望尘而理印。命妇盈朝，闻风而素履。心王自在，万有皆如，顶法真空，一乘不立。以示见故，菩萨为胜鬘夫人；同解脱因，天女赞维摩长者。陟岵何至？哀哀缘经。顺有漏法，泣血以居；念罔极恩，灭性非报。唯兹十力所护，岂与百身之赎？不宝缨络，资于绘素，图极乐国，象无上乐。法王安详，圣众围绕。湛然不动，疑过于往来；寂尔无闻，若离于言说。林分宝树，七重绕于香城。衣捧天花，六时散于金地。迦陵欲语，曼陀

未落，众善普会，诸相具美。于是竭诚稽首，陨涕焚香，愿立功德，以备梯航。得彼佛身，常以慈悲为女；存乎法性，还在菩提之家。①

崔希逸的夫人是信佛的，父亲死后，她想借浮屠之力，使其父早登仙界，因而便大做佛事，变画者即是李氏所为，为此王维就写了这篇赞并序文。

第二件事是崔希逸为了忏悔他失信于吐蕃将乞力徐上奏唐玄宗②，请准许女儿落发奉佛，王维帮助他办理了这件事，并写了《赞佛文》，详细论述了这件事的原委，表示了崔公及家人对佛的虔诚。文中云：

左散骑常侍摄御史中丞崔公第十五娘子，于多劫来，植众德本，于般若力，生菩提家。含哺则外荤膻，胜衣而

—————————

① 引自宋蜀刻本《王摩诘文集》卷二，因有错字，今据清赵殿成《王右丞集笺注》校改。

② 《资治通鉴》卷二一四《唐纪三十》"玄宗开元二十五年"载：初，希逸遣使谓吐蕃乞力徐曰："两国通好，今为一家，何必更置兵守捉，妨人耕牧！请皆罢之。"乞力徐曰："常侍忠厚，言必不欺。然朝廷未必专以边事相委，万一有奸人交斗其间，掩吾不备，悔之何及！"希逸固请，乃刑白狗为盟，各去守备；于是吐蕃畜牧被野。时吐蕃西击勃律，勃律来告急，上命吐蕃罢兵，吐蕃不奉诏，遂破勃律；上甚怒。会希逸傔人孙诲入奏事，自欲求功，奏称吐蕃无备，请掩击，必大获。上命内给事赵惠琮与诲偕往，审察事宜。惠琮等至，则矫诏令希逸袭之。希逸不得已，发兵自凉州南入吐蕃二千余里，至青海西，与吐蕃战，大破之，斩首二千余级，乞力徐脱身走。

斥珠翠。教从半字，便会圣言；戏则剪花，而为佛事。常侍公顷以入朝天阙，上简帝心，虽功在于生人，深辞拜命；愿赏延于爱女，密启出家，白法宿修。紫书方降，即令某月日，敬对三世诸佛，十方贤圣，稽首合掌，奉诏落发。久清三叶，素成菩提之心。……常侍公出为法将，入拜台臣，身在百官之中，心超十地之上。夫人以文殊智，本是法王；在普贤心，长为佛母。郎君娘子等，住诚性为孝顺，用功德为道场，将遍众生之慈，迥同一子之想。又愿普同法界，尽及有情，共此胜因，俱登圣果。

王维回长安后，仍官监察御史。他在凉州的时间将近一年，这一年在他一生中至关重要，也是他诗歌创作史上的光辉一页。

摩诘参禅：山中多法侣，禅诵自为群

　　自开元二十六年夏秋，王维自凉州回到京城，到开元二十八年（740）深秋离京赴桂州"知南选"，两年多一点儿的时间，王维虽然从正八品上的御史台属官监察御史迁升为从七品下的殿中侍御史，但是如果不被派遣监察工作，平时的公务并不多。这段时间他做了不少佛事，与禅宗来往频繁。

　　王维从儒入，集《诗》《书》《礼》《乐》、国画于一身，至死仍为国为民着想，此乃王维思想的根。崇佛信道当是受时代、家庭的影响，虽有高才大志而不能伸，不得不以佛道做解脱，应对政治、精神的压力，又不愿丢弃儒家传统思想的根本，故在"亦官亦隐"的"形佛实儒"的蹩脚中度过了一生。

　　王维生在一个佛教势力昌炽的时代。武则天靠佛教的势力掌握了唐王朝的实权，把佛教的地位提高到儒、道之上。就在王维出生的久视元年，武则天不惜用工数百万在白马阪造大佛像。信臣狄仁杰上疏谏阻，力陈佛事害国，武则天不纳。

　　神龙二年（706），北宗初祖神秀（世称禅宗七祖，以达摩为二祖计）卒于东都洛阳天宫寺，诏使吊哀，王侯归赗，赠谥大通禅师。唐中宗及王公百官亲为神秀送葬，赠金百万，百日于龙华寺设八千人大会，度僧二十七人。又于西明寺设道场如前会，岐王李范、燕国公张说、征士卢鸿各为碑诔。文人名士、达官显贵服丧送葬者不可胜记。①

唐玄宗李隆基执政后，仍崇尚佛教，开元十一年，唐玄宗幸东都洛阳，神秀的弟子义福从驾，经蒲、虢二州，刺史及官吏、士女，皆赍幡花接迎，所过之地，道路充塞，拜礼纷纷，瞻望无厌。为兵部侍郎张均、太尉房琯、礼部侍郎韦陟所信重。②大智禅师义福卒时，葬于伊阙之北，送葬者数万人，中书侍郎严挺之躬行丧服，撰写碑文。义福临终前，召众徒，预示终期，兵部侍郎张均、太尉房琯、礼部侍郎韦陟皆预造。③

诸王公中崇尚佛教的岐王、宁王、薛王，宰臣中崇佛的房琯、韦陟、崔希逸等，都与王维有密切往来，可见王维佞佛是深受社会风气影响的。王维虽然出生于书香之家，从小受儒学教育，但他母亲早年就是虔诚的佛教徒，他们兄弟也都信奉佛教。这样的家庭环境也会给王维以熏染，使他从青年时候起，就对佛教有特殊的热忱。所以大约在开元十七年，他就以南宗禅师道光为师，信顿教，成为不念经、不坐禅、不烧香的"三不"佛徒。

---

① 赞宁《宋高僧传》卷八《神秀传》《景德传灯录》《张说之文集》均有记载。
② 赞宁《宋高僧传》卷九《义福传》。
③ 赞宁《宋高僧传》卷九《义福传》与《金石萃编》卷八一《大智禅师碑》均有记载。

道光禅师为绵州巴西人，是道士李荣的侄子，幼孤，家境贫苦，性格特异，见乡校中读周孔书，认为是世俗之教，立誓苦行，以修佛道。后入山林修道，施割肉饲鸟兽、炼指烧臂诸苦行。到五台山遇宝鉴禅师，遂密授顿教。王维对他很崇敬，所以，当道光禅师于开元二十七年（739）五月二十三日卒时，王维写了《大荐福寺大德道光禅师塔铭（并序）》，表示他的哀悼与虔诚。序云：

> 人天会葬，涕泗如雨，禅师之不可得法如此。其世行遗教，如一切贤圣。维十年座下，俯伏受教，欲以毫末，度量虚空，无有是处。

以他从师十年，推知他从道光学顿教起自开元十七年。那时王维正从淇上宦游回京、无事可做。王维二十岁前后就成为名满京华的诗人，可是他刚入仕途就谪远郡，回京后又无事可做，不得不宦游淇上。王维这时的心情正如他在《不遇咏》诗里讲的："北阙献书寝不报，南山种田时不登。……今人昨人多自私，我心不说君应知。"是非常难堪的。这大约就是他遁入空门的社会现实与思想基础。后遇张九龄，得到右拾遗的官，但时间不长，口蜜腹剑的李林甫当了权，张九龄被贬，王维虽仍在京任官，不久又遣往西塞，心中实有积郁，所以他也就更加热衷佛事。他对信师的法行修养是非常推重的，信师卒后，王维自然倍加哀痛。在《序》里就说：

> 舍空不域，既动无朕，不观摄见，顺有离觉，毛端族

举佛刹，掌上断置世界。不睹非旁，应度方知，得其门者寡，故道俗之烦而息化城，指尽谓穷性海而已，焉足知恒沙德用，法界真有哉！

大德道光禅师死后，葬在长安城南的毕原上，他的弟子明空和尚等为他建浮屠宝塔。大荐福寺在长安皇城的朱雀门外。第二坊的开化坊（见徐松《唐两京城坊考》）在朱雀大街的东侧，是王维在长安时常去的地方，他与明空和尚当也有交往。在这段时间里，王维大约也常到大荐福寺里做佛事或游玩。

王维与南宗禅的交往很深，他与南宗禅祖师慧能的弟子，七世祖师、荷泽宗的创始人神会有私交[1]，受神会请托，于开元二十七年（739）撰写了六祖《能禅师碑（并序）》，成为最早传述南宗禅创始人慧能思想的可靠文献，相比今存《坛经》，它对研究南宗禅的思想有特殊的价值[2]。在《能禅师碑（并序）》里，他准确地概括了慧能空无观念、"忍"的哲学与顿悟成佛的主张。序云：

---

[1]《神会和尚遗集·语录第一》载"侍御史王维在临端驿问和尚若为修道"的对话（见钱钟书《旧文四篇》）也可证明。

[2] 慧能的弟子们记录师说成《坛经》一卷，成为南宗禅传法的经典。其门人惠忠指出经后人篡改（见《景德传灯录》卷二八）；唐韦处厚《兴福寺内道场供奉大德大义禅师碑铭》（《全唐文》卷七一五）认为是神会写成的。而王维《能禅师碑》成文较早，且是原貌。今传《坛经》有多种异文。流行的是元代宗宝改编本。近人认为，法海集记的敦煌写本最接近原貌。郭朋以之为准，对勘另外三种异文，成《坛经对勘》一书，齐鲁书社1981年版。作者曾发表《王维与禅宗关系探微——〈能禅师碑〉和〈坛经〉比较》。

　　……遂领徒属，尽诣禅居，奉为挂衣，亲自削发。于是大兴法雨，普洒客尘。乃教人以忍，曰："忍者，无生方得，无我始成，于初发心，以为教首。"至于定无所入，慧无所依，大身过于十方，本觉超于三世。根尘不灭，非色灭空，行愿无成，即凡成圣。举足下足，长在道场，是心是情，同归性海。商人告倦，自息化城，穷子无疑，直开宝藏。其有不植德本，难入顿门，妄系空花之狂，曾非慧日之咎。

　　王维中年以后主张"自性内照"，强调用心灵的自我解脱去克服现世苦难与矛盾，就是受慧能"忍"的哲学思想影响。这是彻头彻尾的主观唯心主义。

　　慧能姓卢，南海新兴人。其本世居范阳，三岁丧父，其母守志鞠养，少年家贫，以采樵为生。因不识字，悟诸佛妙理，非关文字。咸亨三年（672）为求《金刚经》投黄梅弘忍大师，后授法衣，自立宗派。他的思想从与同学神秀（北宗传人）辩论的偈语中可知。神秀把禅宗的基本精神归纳为："身是菩提树，心如明镜台。时时勤拂拭，勿使惹尘埃。"指出坐禅修道要随时随地用功夫，对自己的身心要像爱护菩提树、明镜台那样，不要染上一点儿尘念。还承认身外有"尘埃"的存在。慧能针对这种渐修之说，提出顿悟说："菩提本无树，明镜亦非台。本来无一物，何处惹尘埃。"（以上二偈均见《坛经·行由品》）这种立地成佛的顿悟说在《坛经·疑问品》中有两段话表达得更明白：

　　东方人造罪，念佛求生西方；西方人造罪，念佛求生

何国？凡愚不了自性，不识身中净土，愿东愿西；悟人，

在处一般，所以佛言："随所处恒安乐"。

　　菩提只向心觅，何劳向外求玄？听说依此修行，天堂

只在目前。

　　无论东方西方，无须坐与不坐，诵经不诵经，只要心诚，依此

修行，极乐世界就在眼前，佛就在心中。

　　慧能还在"见真佛解脱颂"里讲："迷即佛众生，悟即众生佛。

心险佛众生，平等众生佛。我心自有佛，自佛是真佛。自若无佛

心，向何处求佛。"他甚至否定修行必须出家，也不要戒定慧，认

为"若欲修行，在家亦得，不必在寺"。这种简而易行的通向佛地

仙境的道路很适合王维这样既不弃官，又可得佛清静心，将"一生

几许伤心事"，到"空门"里寻找解脱的士大夫阶层。所以，王维

这位自幼受北宗禅熏陶的人，一念之间却拜倒在南宗禅师的座下。

他在《能禅师碑序》一开头讲的①与上文征引的慧能之论何等相似，

这说明王维对其师祖的佛法是心领神会，已经顿悟了。

---

① 《能禅师碑序》："无有可舍，是达有源，无空可住，是知空本，离寂非动，乘
化用常。在百法而无得，周万物而不殆。鼓枻海师，不知菩提之行；散花天女，
能变声闻之身。则知法本不生，因心起见，见无可取，法则常如。世之至人，有
证于此，得无漏不尽漏，度有为非无为者，其惟我曹溪禅师乎？"

王维还到武功太白山访问过福禅师马祖道一①，在禅院投宿，并写了一首《投道一师兰若宿》诗。道一是慧能的再传弟子，与住吉州青原山的行思（号"青原宗"）并称为"禅宗双璧"。道一也是奉行南宗顿教的。这是一首过路游太白山暮夜投宿的纪行诗。道一的禅院在太白山的云霞烟雾笼罩之下的密林深处，夜间可以遥闻山泉的叮咚潺湲之声，真像是幽僻的仙境。因是同道，在枕席前促膝谈心，道一便劝这位来客"岂唯暂留宿，服事将穷年"，是多么惬意融洽。其实，在这样的"仙境"中生活，何尝不是王维此时的需求。

他写了一首《同崔兴宗送瑗公》诗，一本作"同崔兴宗送衡岳瑗公南归"。其《序》云："秋九月，杖锡南返，扣门来别。秦地草木，槭然已黄，苍梧白云，不日而见。滇阳有曹溪学者，为我谢之。"曹溪是慧能最初传教的地方，曹溪学者都信奉南宗禅，当是王维的学友，故借此机会问好。瑗禅师即道瑗。道瑗也是王维友人房琯的好朋友，可见他与王维的来往是很自然的事。②

王维与北宗禅的来往不少，关系也很密切。王维的父亲处廉去世早，他的母亲早年奉佛，大约在开元八年前就师事大照禅师，可见他青少年时代即受佛教熏陶，和北宗禅师大照就有来往。正如他

---

① 道一：据《景德传灯录》载，江西道一禅师，汉州什邡人也。姓马氏，容貌奇异，牛行虎视，引舌过鼻，足下有二轮文。幼年依资州唐和尚落发，受具于渝州圆律师。唐开元中，习禅定于衡岳传法院，遇让和尚，同参九人，唯师密受心印。

② 正如王维《同崔兴宗送瑗公》序里说："初，给事中房公谪居宜春，与上人风土相接，因为道友，伏腊往来。房公既海内盛名，上人亦以此增价。"

写的《请施庄为寺表》里讲的：

> 臣亡母故博陵县君崔氏，师事大照禅师三十余岁。褐
> 衣蔬食，持戒安禅，乐住山林，志求寂静。

崔氏于天宝九载（750）二月去世，她从大照禅师学佛三十余岁，向上推三十年，即在开元八年前。所以，当开元二十七年大照去世后，唐玄宗为大照和他的法师大通禅师神秀御题浮屠宝塔额时[1]，王维应舜阇黎之托写了《为舜阇黎谢御题大通大照和尚塔额表》。表中除了常例的廉价颂圣语外，仍是为佛教张本，劝众生"落其烦恼之发"。因其母拜在大照座下，王维是"足报本师之德"的。

王维的《谒璿上人》诗里讲的璿上人，即瓦官寺的住持僧道璿，与著名的历法家、天文家禅僧一行同出普寂门下，俱是北宗。道璿、道璿的弟子元崇与王维都有往来。安史之乱后，元崇来到长安，"于辋川得右丞王公维之别业。松生石上，水流松下，王公焚

---

① 据《旧唐书·方伎传》：大通即神秀，姓李，汴州尉氏人，少即遍览经史，隋末出家，跟蕲州双峰山东山寺僧五世祖弘忍修法，以坐禅为业，后与同学慧能各立为派，是为北宗。武则天召进京，亲肩舆入官，并亲施跪拜之礼。神龙二年卒。大照是神秀的学生，法名普寂，姓冯，蒲州河东人，往荆州玉泉寺拜神秀学佛。神秀奇之，尽授其道。久视中，则天召神秀至东都，神秀因荐普寂。及神秀卒，天下好佛氏者都拜普寂为师。中宗闻其年高，特制令普寂代神秀统领其法众。开元十三年敕于都城居止，开元二十七年卒于长安兴唐寺，年八十九岁。

香静室，与崇相遇，神交中断"①。

　　王维与长安大安国寺的净觉禅师、福禅师俱有交往，写有《大唐大安国寺故大德净觉禅师碑铭（并序）》和《过福禅师兰若》。净觉是唐中宗李显妃韦庶人之弟，曾就学于禅宗五世祖弘忍的弟子玄赜。景龙二年（708）李显召安州玄赜禅师入京，便于东都广开禅法，时净觉逃封，乃从玄赜受法。②福禅师，疑即受神秀亲传，与普寂同门的义福或惠福。义福即大智，开元二十年卒，葬于伊阙之北，赠谥大智。王维的《荐福寺光师房花药诗序》里的光禅师也是北宗。这是王维与北宗的关系。

　　其他如《留别山中温古上人兄并示舍弟缙》诗中写的嵩山温古上人、《燕子龛禅师》里写的骊山燕子龛禅师、《过感化寺昙兴上人山院》诗里的蓝田感化寺（一作"化感寺"）昙兴上人、《夏日过青龙寺谒操禅师》诗里写的长安操禅师、《青龙寺昙壁上人兄院集》诗中写的昙壁上人等，属于南宗还是北宗尚待考察。又如他写的《过乘如禅师萧居士嵩丘兰若》中的乘如禅师，曾经协助不空翻译佛经，终西明、安国两寺院上座。《为干和尚进注仁王经表》的沙门惠干，恐是学问僧。从上边王维不同时期写的诗文里可以看出，他与这些人或多或少都有来往。这都说明王维的一生中，特别是中年以后，与禅宗结下了不解之缘。

　　王维与禅师来往颇多，又笃信佛理，所以，我们就不难想到他为什么自称字"摩诘"了。

①《宋高僧传》卷一七。
②《楞伽师资记序》。

王维从小受传统的儒家思想教育,儒家思想成为他思想的核心。但在青年时期,特别是中年以后,禅宗思想几乎占据了他思想的整个阵地。不过,道家思想对他也不是绝无影响。他也写了《送张道士归山》《送方尊师归嵩山》《赠东岳焦炼师》《赠焦道士》等,记录了他与道士的交往。

其实,这种儒、释、道合流的现象,也正是唐代禅宗的特点,即具有中国特色的佛教。自南印度达摩来中国,佛教传入中国以后,从魏晋时候起,禅宗就是披着天竺式袈裟的魏晋玄学。释迦其表,老庄(主要是庄周的思想)其实。禅宗思想,是魏晋玄学的再现,至少受玄学的影响极深。玄学与禅宗在思想上都是唯心主义的,但玄学在冲击儒家的奴仆礼法上,禅宗在冲击天竺佛教奴仆各派的保守上,又都起过一些积极作用。到了唐代佛教的中国化,即与老庄的合流,是"化"的第一步。禅宗僧徒所作语录,除了佛徒必需的门面话外,思想几乎与儒学相像。佛教的儒学化,是"化"的第二步。所以,禅宗已经不是印度的佛教,而是中国式的佛教。王维受佛教思想影响,就是受这种禅宗思想特点的影响,认识不到这一点,就抓不住王维的思想特点,也不懂得王维其人。

知南选臣：江流天地外，山色有无中

　　开元二十八年秋，王维从长安出发到桂州"知南选"。开元二十九年春回长安，总计只有半年时间。时间虽短，他的活动却比较具体。王维是盛唐时期著名的山水诗人、画家，他热爱祖国山河，善于描摹山水景物，在历塞迁官之后，有这样一次历名山、涉大川、饱眼福、尽游兴的机会，对王维的山水诗画艺术的进一步发展，无疑是极其重要的。

　　根据《唐会要》卷七五选部下《南选》记载，唐朝选官制度的要求："开元八年八月敕：岭南及黔中参选吏曹，各文解每限五月三十日到省，八月三十日检勘使了，选使及选人，限十月三十日到选所，正月三十日内，铨注使毕。其岭南选补使，仍移桂州安置。"《新唐书》卷四五《选举志》记载："太宗时，以岁旱谷贵，东人选者集于洛州，谓之'东选'。高宗上元二年，以岭南五管、黔中都督府得即任土人，而官或非其才，乃遣郎官、御史为选补使，谓之'南选'。其后江南、淮南、福建大抵因岁水旱，皆遣选补使即选其人。"王维以御史兼选补使的身份，出使桂州治所所在地的临桂知南选。按规定，十月三十日前必须到达选所，因此王维从长安出发，至少不会晚于九月底或十月初。关于南选事，《通典》卷一五也说："其黔中、岭南、闽中郡县之官，不由吏部，以京官五品以上一人充使，就补御史一人监之，四岁一往，谓之'南选'。"说明王维此行的任务仍为监察选官事宜。

王维从长安出发，经过蓝田的蓝关、商县、丹凤，再乘船顺丹江、汉水到襄阳。王维到襄阳以前，经过南阳的临端驿，曾与神会讨论佛法。王维问神会："若为修道得解脱净？"神会告诉王维："众生若有修，即是妄心，不可得解脱。"①可见王维这个时候是很关心佛道的。神会指出，人本身就具有清净的本性。因此，在一般的日常生活里就可以进行禅宗所说的修行。只要"任运自在"，随心而行，就可以"解脱"人世间的一切烦恼。然而，如果有意识地"起心有修"，反而达不到禅悟的目的。经神会这番讲解，王维顿开茅塞，欣喜若狂，以至于对别人讲："此南阳郡有好大德，有佛法甚不可思议。"②为回京后隐居终南山埋下伏笔。

在秋高气爽的天气里，王维泛舟汉水，眺望秦岭、桐柏、武当奇峰，浩瀚的大河，荆襄地区的名城。恰似一介书生从书斋里走出，一旦置身于"江山多娇"的大自然里，王维的心情别提多愉快，胸襟别提多开朗了。尤其是船将到襄阳时，祖国的大好河山像一幅山水画一样，一下子涌入诗人胸中，他情不自禁地吟出这首描写楚汉山水、赞叹襄阳好景的《汉江临泛》：

---

① 《神会禅师语录》。

② 同上。

楚塞三湘接，荆门九派通。江流天地外，山色有无中。郡邑浮前浦，波澜动远空。襄阳好风日，留醉与山翁。

生活是艺术的源泉，情感是艺术的魅力，思想是艺术的生命。王维这首诗形象鲜明，气魄雄浑，体现了盛唐的时代风貌。这不是用笔写出来的，而是在他有了深刻生活体验后，从脑海里自然涌出的情感波涛，诗里熔铸了诗人多少对祖国山河的爱啊！

首联写汉江流域、襄阳一带的形势；颔颈二联写江流浩瀚、浑浑无涯，好像远出天地之外，浮动郡城，波击远空；结联借山简①的故事，表现出诗人醉心于襄阳美景，流连忘返的感情。这首诗正表现了王维山水诗的美学追求。他不像魏晋诗人写的山水诗，总是带着"寄言上德，托意玄珠"的玄言意味；也不像六朝诗人的山水诗那样"错采镂金，雕字琢句"地肢解山水。而是注意勾勒一幅完整的画面，表现一种深远的意境，给人以整体的印象和总体的感受。王维的笔不是只注意描摹它的各个局部，而是通过对局部的有机构制，使他所写的山山水水浑然一体。诗人通过他描摹的山水景物，和景物中蕴含的丰富感情，唤起读者的共鸣，使读者也能如身历其境一样，产生与他类似的感受。

---

① 山简：晋河内怀县（故城在今河南武陟县西南）人，字季伦，竹林七贤之一山涛的儿子。曾任征南将军，镇守襄阳。但他啥事也不管，整天饮酒游乐。当地豪族习家有一处很美丽的园林，叫习家花园，山简经常到那里去饮酒，每次都喝得大醉才归。

《汉江临泛》这首诗，诗人从大处落笔，把汉江给予他最鲜明的印象和感受写了出来。他写山色，不写其浓与淡、青与紫、远与近，只说山若有若无，时隐时现。像一幅泼墨山水画，把南国水乡空气湿润、光线柔和、山净如洗的特点，恰到好处地描绘出来。正如明代王世贞所说："王右丞诗云：'江流天地外，山色有无中。'是诗家极俊语，却入画三昧。"①后世大诗人也都仿效他，如唐代权德舆《晚渡扬子江》："远岫有无中，片帆风水上。"宋代欧阳修《朝中措·平山堂》长短句："平山栏槛倚晴空，山色有无中。"宋代苏东坡的长短句："记取醉翁语，山色有无中。"则以为欧阳修语，可见王维这首诗的影响之深远了。

王维有机会过襄阳，他是会想到到襄阳访访两位老朋友的。一位是有知遇之恩的张九龄，一位是同调诗人孟浩然。

张九龄是王维的上司，两人不仅有诗文往还，还有共同的政治理想。不料这年春天张九龄请拜扫（墓）南归曲江，五月七日就故去了②。王维到襄阳后，未见到张九龄，既遗憾又伤痛。他失去了一位好友，朝廷失去了一位贤相。

王维到襄阳后，去访问孟浩然。当他到冶城南园孟浩然的故居

---

① 《弇州山人四部稿》卷一三七《黄大痴江山胜览图》。

② 徐浩《张九龄碑铭》云："开元二十八年春请拜扫南归，五月七日遘疾薨于韶州曲江之私第。"《旧唐书》卷九九《张九龄传》："初，九龄为相，荐长安尉周子谅为监察御史。至是，子谅以妄陈休咎，上亲加诘问，令于朝堂决杀之。九龄坐引非其人，左迁荆州大都督府长史。俄请归拜墓，因遇疾卒，年六十八。赠荆州大都督，谥曰文献。……史臣曰……九龄文学政事，咸有所称，一时之选也。"都证明王维此时未见到张九龄。

时，看到的却是故友的新坟。这突如其来的凶讯使他痛哭不已，便写下这首《哭孟浩然》诗：

故人不可见，汉水日东流。借问襄阳老，江山空蔡州。

诗题下有一个较详细的注："时为殿中侍御史，知南选，至襄阳有作。"这个注说明三个问题。其一，指明这次王维南下时已经是从七品下的殿中侍御史（御史台属官）。其二，王维是由长安到桂州"知南选"，经过襄阳。从王昌龄到襄阳与诗友孟浩然会饮，离襄阳到长安，和王维到襄阳的间隔时间推断，孟当卒于七、八月间。王维到襄阳约在十月中旬。其三，王维的这首诗写于襄阳。

汉水流经襄阳一带打了个弯，正好从西向东再向南流。王维"汉水日东流"正是写的实景，孟浩然的新坟也正在汉江南岸边的岘山脚下。王维触景生情：汉水日复一日地东流而去，老朋友已经见不到了。请问"襄阳老"（孟浩然）哪里去了呢？眼前只有空荡荡的襄阳、蔡州这块地方了。①

王维与孟浩然第一次交游是在开元十六年奉召进京应试时，第二次在开元二十一年夏，王维游襄阳时。这次到襄阳算是第三次，可偏偏孟浩然新卒。王维与孟浩然感情很深，这感情就凝聚于《哭孟浩然》这首短诗里。二人齐名，诗风相近，在盛唐几与李杜

---

① 关于孟浩然的死，王士源《孟浩然集序》云："开元二十八年，王昌龄游襄阳，时浩然疾发背且愈，得相欢饮，浩然宴谑，食鲜疾动，终于南园，年五十。"

上下。①

王维从襄阳出发，过夏口（今武昌）小憩，送别友人。

先看《送宇文太守赴宣城》：

> 寥落云外山，迢遥舟中赏。铙吹发西江，秋空多清
> 响。地回古城芜，月明寒潮广。时赛敬亭神，复解罟师
> 网。何处寄相思，南风摇五两。

前四句写两人一路，同从襄阳出发，乘船从汉水到夏口，这是
写实。诗写于夏口。"舟中赏"写两人泛舟汉江，同赏云天之外的
寥廓山色。"秋空多清响"点明节令，与王维到夏口的时令正合。"地
回"二句写夏口古城与渺渺长江，证明他们已到夏口。

《送康太守》诗：

> 城下沧江水，江边黄鹤楼。朱栏将粉堞，江水映悠
> 悠。铙吹发夏口，使君居上头。郭门隐枫岸，候吏趋芦
> 洲。何异临川郡，还劳康乐侯。

王维与这位康太守仅是熟人，前四句写黄鹤楼附近江边的景
色，点出送行的地点。"郭门"句当以枫叶变红表示深秋的季节，
可证王维是于深秋在夏口为康太守送行无疑。

----

① 许彦周《诗话》："孟浩然、王摩诘诗，自李、杜而下，当为第一。老杜诗云
'不见高人王右丞'，又云'吾怜孟浩然'。皆公论也。"

《送封太守》诗中有"扬舲发夏口，按节向吴门"，把送行的出发地与封太守将到达的地点讲了出来，说明送封太守地点也在夏口。"枫攒赤岸村"，仍是江南一带秋季"霜叶红于二月花"的景色，说明了时间。

王维当在夏口小住，并登览了长江边上的黄鹤楼。

按照规定，王维应于十月三十日前到达选所桂州临桂①。十一月一日开始铨选工作，到开元二十九年的正月三十日铨选毕，整整三个月的时间。铨选工作结束后还得回朝复命，在途中不能耽搁太久，从上下限时间看，王维在桂州大约待了三个多月，即百日之期。王维由桂州返京，启程的时间大约在二月上旬，这已是"二月江南花满枝"（孟云卿句）的盛春节令了。

王维由桂州北归，历湘湖，抵长江，沿江东下，经九江至润州，再循邗沟、汴水、黄河西归长安。经九江时，王维曾登庐山访辨觉寺，写了《登辨觉寺》诗：

> 竹径从初地，莲峰出化城。窗中三楚尽，林上九江平。软草承趺坐，长松响梵声。空居法云外，观世得无生。

---

① 《元和郡县图志》岭南道四桂州条下云："临桂县，上，郭下，本汉始安县，属零陵郡，至德二年改为临桂。"又云："桂江，一名漓水，经县东，去县十步。杨仆平南越，出零陵，下漓水，即谓此也。"漓水即今之漓江，是广西桂林的游览区，唐时的临桂在漓江之西，后来的桂林在漓江之东，为一江之隔，也不应混淆。新《辞源》上说桂州治所在临桂，是对的。说临桂是今之桂林市，就把古今地理概念混淆了。

王维登庐山后又乘船东下，到润州江宁小憩。游江宁，到江宁城西隅的瓦官寺拜谒璇上人，写了《谒璇上人（并序）》：

　　少年不足言，识道年已长。事往安可悔？余生幸能养。誓从断荤血，不复婴世网。浮名寄缨珮，空性无羁鞅。夙承大导师，焚香此瞻仰。颓然居一室，覆载纷万象。高柳早莺啼，长廊春雨响。床下阮家屐，窗前筇竹杖。方将见身云，陋彼示天壤。一心在法要，愿以无生奖。

从《登辨觉寺》到《谒璇上人（并序）》，可以说是王维前期受道家、禅宗思想影响，由渐变到质变的集中体现，也是他对现实态度的一次转折。他否定了自己奋发有为的青少年时代的生活和事业，恨不得早日遁入空门，脱离尘俗。过去的事情让它过去算了，发誓在有生之年摆脱世俗的纠葛，寻求禅宗宣扬的无生无灭的极乐世界。

《谒璇上人》序[1]中除了说明王维与禅师的关系，赞颂璇禅师，表现依佛之志外，还表明他到江宁的时间是"时雨既降，春物俱美"的盛春。王维与璇禅师、弟子元崇是神交，这次会见是第一次。至德年间元崇随璇禅师到长安，并去蓝田辋川访问王维，应是

---

[1]《谒璇上人》序："上人外人内天，不定不乱。舍法而渊泊，无心而云动。色空无得，不物物也。默语无际，不言言也。故吾徒得神交焉。玄关大启，德海群泳。时雨既降，春物具美。序于诗者，人百其言。"

第二次。①

瓦官寺②在润州江宁县（今南京市），建立于364年，顾恺之在壁上画了维摩诘像，一时光照全寺，引得全城的人都来看画，庙里不一会儿的工夫便收集了布施百万。时间过去将近270年，这幅画却没有失去它的光彩，而仍然吸引着远近的游人。杜甫不仅欣赏了那幅壁画，还在江宁许八那里求得瓦棺寺③的维摩图样。④王维是著名画家，又喜画佛像，对顾恺之这幅图早就仰慕，这次到瓦棺寺，可以一饱眼福。王维在南京的重要活动，更为回京隐居终南做了奠基。

王维在江宁小停后，换船由运河北上，经汴州、郑州、洛阳，回到京城长安。这时候大约已是暮春初夏了。一来由于三千里的路程至少也得十天到半月的时间；二来可以从王昌龄在长安、洛阳的活动侧面证明。王昌龄在长安曾与岑参交游，由长安赴江宁任时写了《留别岑参兄弟》诗："便以风雪暮，还为纵饮留。"岑参也写了《送王大昌龄赴江宁》诗："北风吹微雪，抱被肯同宿。君行到京口，正是桃花时。"知两人相别是开元二十九年初春。据岑参估计，

---

① 《宋高僧传》："元崇于至德初年，到京城长安，遂入终南山，去蓝田，于辋川得王维别业。松生石上，水流松下，王公焚香静室，与崇相遇。"

② 《景定建康志》："古瓦官寺，又为升元寺，在城西南隅。"开元十四年李白游金陵（江宁）写了《登瓦官阁》诗。

③ 朱鹤龄《杜工部诗集辑注》卷四《送许八归江宁》注：《瓦官寺碑文》：寺本晋武帝时建，以陶官故地在秦淮北，故名瓦官，讹作"棺"耳。

④ 《送许八归江宁》诗题下注："甫昔时尝客游此县，于许生处乞瓦棺寺《维摩图》样。"

"烟花三月"的春天，桃花盛开的时候，王昌龄就会到江宁。其实，他这位"江宁大兄"并未按预计时间到达，而是滞留洛阳，与綦毋潜、李颀等诸友会晤。李颀有《送王昌龄》诗："漕水东去远，送君多暮情。淹留野寺出，向背孤山明。前望数千里，中无蒲稗生。夕阳满舟楫，但爱微波清。举酒林月上，解衣沙鸟鸣。夜来莲花界，梦里金陵城。叹息此离别，悠悠江海行。"王昌龄也写了一首《东京府县诸公与綦毋潜李颀相送至白马寺宿》诗，有"南风开长廊，夏夜如凉秋"句，证明王昌龄离开洛阳时已是初夏。王维由洛阳经过，未及与昌龄见面，想王维必是在王昌龄离开洛阳后到达洛阳，而后又回长安的。从二王一人东往、一人西进，未曾碰面的情况看，可以进一步证明王维回到洛阳、长安已是初夏了。

第四章 官海终顿悟

开元末、天宝初是唐王朝的转折时期，也是王维的思想与艺术的转折时期。由于其内心矛盾愈加加剧，加上他中年后受佛老思想影响严重，于是王维便采取了第二条道路——亦官亦隐。

终南隐逸：行到水穷处，坐看云起时

开元末、天宝初是唐王朝的转折时期，唐玄宗李隆基在位既久，在政治上越来越不求进取，朝廷大事小事一委于李林甫，听信佞臣谗言，排挤贤臣，堵塞言路，边事愈多，赋役加重；在生活上越来越腐化，整天沉溺于酒色歌舞、纸醉金迷的生活。朝廷上下，小人张焰，正人气短。

这个时期，也是王维的思想与艺术的转折时期。

王维出使凉州回长安后到"知南选"的这段时间，个人虽未遭厄运，官阶也有升迁，但由于他政治上追随张九龄，与李林甫政见不合，对唐朝政治生活的腐败日益不满，对李林甫的专权越来越看不惯。他虽然不能像李白、杜甫那样正视现实、揭露现实、抨击政治，采取与统治者分道扬镳的态度，"几回欲奋飞"而不能，内心矛盾却越来越加剧。加上他中年后受佛老思想影响严重，于是王维便采取了第二条道路——亦官亦隐，与最高统治集团保持不即不离、不正面冲突、不同流合污的态度。这正是封建社会一部分知识分子软弱性的表现。所以，在"知南选"回长安后不久的开元二十九年秋季，他在终南山物色了一所别业，过上了有事上朝办公、公余山里闲居的亦官亦隐的生活。

终南山位于长安城南，峰峦叠嶂，悬崖峭壁，怪石嶙峋。长安与终南山之间，约四五十里郊野，八水分流，川原交错，土地肥沃，交通便利。山上山下，松竹茂密，气候宜人，风景秀丽，是长安著名的游览与休养胜地。长安的士大夫多在这里修筑别墅。这里寺观很多，僧道聚集。王维的别业在终南山北麓，香积寺南侧。他的《终南别业》就是他初居终南山时写的。① 诗云：

中岁颇好道，晚家南山陲。兴来每独往，胜事空自知。

行到水穷处，坐看云起时。偶然值林叟，谈笑无还期。

这首诗抒发了诗人初居终南山时笃信佛理、宁静幽雅的悠闲心情，表现出他对仕途生活的厌倦，也透露出他因内心隐痛而居终南的消息②。诗以自然为上，工巧次之。工巧之至，如入自然；自然之妙，无须工巧。这首诗所取之境，行所无事，一片化机，正得自然

---

① 这首诗的题目在《河岳英灵集》《文苑英华》《唐文粹》中俱作《入山寄城中故人》，在《国秀集》中作《初至山中》，都说明他寓居终南山。
② 胡仔《苕溪渔隐丛话》前集卷一五所录："《后湖集》云：此诗造意之妙，至与造化相表里，岂直诗中有画哉？观其诗，知其蝉蜕尘埃之中，浮游万物之表者也。山谷老人曰：'余顷年登山临水，未尝不读王摩诘诗，固知此老胸次，定有泉石膏肓之疾。'"

情趣。①

这首诗不仅在首句即宣布他对佛教的特殊爱好，禅宗思想也贯穿全诗，使诗的意境浸透禅宗的生活理趣。不过是自然融入，非有意说教。清人徐增在他的《说唐诗》卷五中，对此作了深入肌理的分析："右丞中岁学佛，故云好道。晚岁别结庐于终南山之陲以养静，既家于此，有兴每独往。独往，是善游山水人妙诀，可以适意，若同一不同心之人，则直闷杀矣。其中胜事，非他人可晓得，惟自知而已。既无知者，还须自去适意，于是随己之意，只管行去。行到水穷，去不得处，我亦便止。倘有云起，我即坐而看云之起。坐久当还，偶遇林叟，便与谈论山间水边之事，相与留连，则便不能以定还期矣。于佛法看来，总是个无我，行无所事，行到是大死，坐看是得活，偶然是任运。此真好道人行履，谓之'好道'不虚也。"这段话把《终南别业》诗里体现王维任运自在、随遇而安的处世哲学讲得清清楚楚。颈联"行到水穷处，坐看云起时"是警策之句。《五灯会元》里的一段记载："曰：'忽遇恁么人出头来又作么生？'师曰：'行到水穷处，坐看云起时。'"禅师的回答，就用了这两句诗来强调佛徒的处世方式。

王维什么时候居终南山，没有资料明确记载。但从他与朋友交往的诗文中大体可以推断：开元二十九年秋开始居终南，天宝二

① 张谦宜《绠斋诗谈》卷五云："《终南别业》一气灌注中不动声色，所向惬然，最是难事。曰古秀天然，杜不能尔。'行到水穷处，坐看云起时。'或问：'此果是禅否？'答曰：'详文义，只言无心得趣耳；不应开口便是说禅。且善《易》者不谈《易》，岂有此拘泥诗人，死板禅客？'问者大笑。"

年末或三载（744）初离开终南别业而居蓝田辋川。王维《戏赠张五弟𬤇》三首之三中："我家南山下，动息自遗身。入鸟不相乱，见兽皆相亲。云霞成伴侣，虚白侍衣巾。何事须夫子，邀予谷口真？"这是他隐居终南生活的自我表述，说明他们全家都住在终南别业，这时张𬤇也住在这里，并写诗赠答，相与往还。这首诗还透露出他居终南山是"好清静""去情尘"的真"隐沦"，戏笑张𬤇居终南山是"慕隐沦"的钓弋山中、只图口腹的"思为鼎食人"。《唐诗纪事》卷一六云："（裴）迪初与王维、兴宗俱居终南山。"张𬤇、裴迪曾一同供事于荆州长史张九龄幕府，开元二十八年春九龄南归，他们也离开了荆州。回长安后又一同寓居终南山，时间当在开元二十八年夏秋后。开元二十九年春夏，王维回长安后，张𬤇、裴迪，还有王维的内弟崔兴宗已先寓居终南山。说明王维居终南山与他们已先在这里有一定关系，也可推知王维居终南山始于开元二十九年。王维天宝二年正月十二日写的《故任城县尉裴府君墓志铭》一文里说裴府君"享年三十九"岁，"而寿不中年"，知俗谓人四十岁为中年。又《终南别业》诗王维自称"中岁颇好道"，知他居终南山时已届中年。王维是年四十二岁，正合此说。这首诗中有"坐看云起时"句，玩味诗境，"云起时"不会是冬季。冬季天冷，不宜游赏，如游赏也多为赏雪，不可能有悠悠白云起于山中的情景。况王维春天不在长安，夏日刚回长安，还得处理"南选"的善后工作，不可能马上就隐居，大有可能在秋天。再与《国秀集》"初至山中"提示分析，王维初居终南山时写了这首诗，也进一步证明他始居终南别业是在开元二十九年的秋天。

742 年正月，唐玄宗改元天宝，是为天宝元年，结束了开元年间二十九年的政治。是年王维四十三岁，仍在长安过着亦官亦隐的生活。就在这年春天，他由从七品下的殿中侍御史迁升为从七品上的"左补阙"，他的《春日直门下省早朝》诗就是这年春天官拜"左补阙"时写的。① 诗云：

> 骑省直明光，鸡鸣谒建章。遥闻侍中珮，暗识令君香。玉漏随铜史，天书拜夕郎。旌旗映闾阖，歌吹满昭阳。官舍梅初紫，宫门柳欲黄。愿将迟日意，同与圣恩长。

诗的主要内容写他为左补阙，随门下省长官侍中早朝夕拜的生活和颂圣之语。"官舍""宫门"两句指明这首诗所说的"春日"应为"梅初紫""柳欲黄"的早春。可知王维迁官当在正月底二月初。

二月群臣给李隆基上尊号——开元天宝圣文神武皇帝。

这年阳春三月，风和日丽，百花盛开，一派大好春光。唐玄宗李隆基因改元、上尊号，益加得意忘形，于三月三日游长安胜境曲江，并在曲江大张盛宴，以享群臣，庆祝"祥瑞盛世"。王维以"左补阙"的身份，随王公大吏等一班朝臣，侍驾唐玄宗，写了《三月三日曲江侍宴应制》诗：

> 万乘亲斋祭，千官喜豫游。奉迎从上苑，祓禊向中流。

---

① "左补阙"属门下省，又有诗题原注"时为左补阙"，俱可说明这年春天，王维已由御史台属官的殿中侍御史改迁为门下省的属官左补阙，当为李林甫的部下。

草树连容卫，山河对冕旒。画旗摇浦溆，春服满汀洲。仙乐龙媒下，神皋凤跸留。从今亿万岁，天宝纪春秋。

　　这首诗确实把玄宗君臣欢乐游戏的盛况描写出来了。天宝初年，从表面上看，唐王朝全盛之日的架子还未倒，一般人也没能看出在这个盛世笼罩下潜藏着的经济衰败与政治危机。其实，由于玄宗君臣的挥霍无度，边事费用大量增加，府库逐渐亏空，赋税逐年增多，百姓愈加困乏。由于用人不当，堵塞言路，内外矛盾加剧，使唐王朝一蹶不振的安史之乱已开始酝酿。

　　王维虽对朝政的某些方面、某些当政者不满，但对整个封建王朝是忠贞不渝的。他没有能认识到王朝的颓势，相反，仍保持着早年帝国盛世的自豪感。所以，在诗里仍是歌颂唐王朝的盛势，而未能去揭示矛盾。王维在此诗里这样讲不是违心的，更不是为了奉迎唐玄宗，而是认为本来就应该这样写，这也就是他心目中的唐王朝。诗的结尾讲"从今亿万岁，天宝纪春秋"，正说明此次活动和这首诗的写作，都在天宝纪元之始。

　　这年正月改元，唐玄宗网罗天下人才。[1] 李白在这年秋天应唐玄宗诏命入京，有《南陵别儿童入京》诗："白酒新熟山中归，黄鸡啄黍秋正肥。""游说万乘苦不早，着鞭跨马涉远道。""仰天大笑

────────────

[1] 大赦天下时曾诏令："国之急务，莫若求才。顷者虽屡搜扬士庶，尚虑遗逸，更宜精访，以副虚怀。其前资官及白身人中，有儒学博通及文词秀逸，或有军谋越众，或武艺绝伦者，委所在长官，具以名荐。"（徐松《登科记考》卷九、《册府元龟》《唐大诏令集》）

出门去，我辈岂是蓬蒿人。"点明他赴京的季节，表现了他应诏时的得意心情。

李白到长安后，在紫极宫（即玄元皇帝庙）与太子宾客贺知章相遇。贺知章盛赞李白诗文，称赞李白的诗"可以泣鬼神"，奇其英姿，呼为"谪仙人"，并把李白推荐给唐玄宗。唐玄宗在金銮殿召见了李白，礼遇甚厚，命李白待诏翰林院。十月，唐玄宗携杨玉环幸骊山温泉宫，李白随驾侍从。时王维也随驾温泉宫，并写了《和仆射晋公扈从温汤》诗，以纪其事。写这首诗时王维仍为"左补阙"[①]。诗中写的仆射晋公是李林甫。[②]

王维这一类诗，从内容上看多是歌功颂德，奉称朝廷的应制之作，思想上可取者少；艺术上多是属对工整、颇为成熟的近体诗。虽然说不算有多高的价值，却也记录了他这段时间生活的足迹，表现了他的思想倾向：虽然不满于朝政，却也不愿离开官场，仍然为他并不完全赞成的朝廷颂歌；虽然已经觉察到统治阶级的内部矛盾，却不愿去揭示这种矛盾，仍然要粉饰太平；虽然不赞成李林甫的政见与为人，却不得不随其左右，为他说好话。这都说明王维思想上存在着矛盾性，表现了他委曲求全的软弱性。也证明他虽居终南山，但并未隐居，而是过着亦官亦隐的生活。他对朝廷还抱有很

[①] 诗题下原注为"时为右补阙"。按：唐置左右补阙，品秩、职掌均同，左属门下省，右属中书省。据王维《春日直门下省早朝》题下原注为"左补阙"，属门下省。此处"右"为"左"之误。

[②]《旧唐书·玄宗纪下》载：开元二十五年七月庚辰，封李林甫为晋国公。天宝元年八月壬辰，吏部尚书兼右相李林甫加尚书左仆射。

大幻想而留恋朝廷。

唐玄宗这次幸温泉宫，李白、王维都随驾前往。王维有诗纪行，李白也写了《侍从游宿温泉宫作》《驾去温泉宫后赠杨山人》等颂圣之作。后一首诗中有："幸陪鸾辇出鸿都，身骑飞龙天马驹。王公大人借颜色，金璋紫绶来相趋。"即记其事。从诗里表现出来的情绪看，李、王二人所处的地位不同，心情也不同。是否因为他们所处的地位不同，两人未曾接触？还是有所交往，但无文字记载？李白从天宝元年秋至天宝三载春一直在长安，交游也很广。这个时期王维也未离开长安，可是从二人现存的作品里却看不出他们有什么来往。李白于天宝三载春离开长安时曾写过一首《初出金门寻王侍御不遇咏壁上鹦鹉》诗："落羽辞金殿，孤鸣咤绣衣。能言终见弃，还向陇西飞。"非常含蓄地表述了李白此时的心情。这个王侍御是否是王维，尚未可知。然而，王维此时由左补阙迁为侍御史是可能的。李白与王维同时，名声都很高，交游都很广，各自的朋友中有不少都是对方的好友，可是他们二人的关系至今还是个谜。

天宝二年夏秋，王昌龄从江宁回长安，曾与王维等人交游，并有一次有趣的集会。这次集会的地点在长安的青龙寺①，参加的人

---

① 青龙寺：《长安志》云："南门之东青龙寺，本隋灵感寺，开皇二年立。文帝移都，徙掘城中陵墓，葬之郊野，因置此寺，故以灵感为名，至武德四年废。龙朔二年，城阳公主复奏立为观音寺。景云二年，改为青龙寺，北枕高原，南望爽垲，为登眺之美。"张礼《游城南记》云："乐游之南，曲江之北，新昌坊有青龙寺。北枕高原，前对南山，为登眺之绝胜。"

有王维、王昌龄、王缙、裴迪，昙璧（一作"壁"）上人为东道主。王昌龄拿来一块石片，让王维为这次闲游作诗写序。王维写了一首五言律诗并序。序对了解这次集游很重要，特录于后：

> 吾兄大开荫中，明彻物外，以定力胜敌，以惠用解严。深居僧坊，傍俯人里，高原陆地，下映芙蓉之池；竹林果园，中秀菩提之树；八极氛霁，万汇尘息，太虚寥廓，南山为之端倪。皇州苍茫，渭水贯于天地。经行之后，跌坐而闲，升堂梵筵，饵客香饭。不起而游览，不风而清凉。得世界于莲花，记文章于贝叶。时江宁大兄持片石命维序之。诗五韵，坐上成。

序是他们游青龙寺的总述，是个纲。先写昙璧上人坐禅诵经，修道有年，得道释法，是一位德高望重的高僧。再写青龙寺地势优越，环境优美，是一个清幽雅净、怡然惬意的好地方。后写他和几位诗友在寺里欢聚游筵，赋诗唱和的乐趣。五个人中，除昙璧上人以外，王维、王昌龄是盛唐诗文大家，王缙、裴迪的诗文也享有名声。这是一次趣游，也是一次诗会。王维的诗里称昙璧上人为兄，除了昙璧上人年长外，是否他们两人都曾向大德道光禅师学禅，值得思考。因为王维诗中称僧道为兄者仅见，而又非尊称。因为前边的"上人"已经是尊称了①。

序里讲的"江宁大兄"，即江宁丞王昌龄。② 王昌龄于开元二十九年贬江宁丞，夏赴任。这次集会，王维称其为"江宁大兄"。天宝二年夏天他从江宁回长安，才有这次集会。从王维、王昌龄、王缙、裴迪四人诗中所显示的景色看，应在夏秋。在王昌龄的提议下，王维坐上先成五韵：

> 高处敞招提，虚空讵有倪。坐看南陌骑，下听秦城鸡。渺渺孤烟起，芊芊远树齐。青山万井外，落日五陵西。眼界今无染，心空安可迷。

王昌龄诗云：

> 本来清净所，竹树引幽阴。檐外含山翠，人间出世心。圆通无有象，圣境不能侵。真是吾兄法，何妨友弟深。天香自然会，灵异识钟音。

---

① 上人：佛教术语，佛家称内有德智，外有胜行，在上之人为之上人。晋代称释子为道人，至鲍明远始有《秋日示休上人》诗。《能改斋漫录》曰："唐诗多以僧为上人，如杜子美《巳上人茅斋》也。"《十诵律》曰："人有四种：一粗人，二浊人，三中间人，四上人。"
② 《新唐书·王昌龄传》："（王）昌龄，字少伯，江宁人。第进士，补秘书郎。又中宏辞，迁氾水尉。不护细行，贬龙标尉。以世乱还乡里，为刺史闾丘晓所杀。……昌龄工诗，绪密而思清，时谓王江宁云。"

王缙诗云：

> 林中空寂舍，阶下终南山。高卧一床地，回看六合间。浮云几处灭，飞鸟何时还。问义天人接，无心世界闲。谁知大隐客，兄弟自追攀。

裴迪诗云：

> 灵境信为绝，法堂出尘氛。自然成高致，向下看浮云。迤逦峰岫列，参差闾井分。林端远树见，风末疏钟闻。吾师久禅寂，在世超人群。

这一次集会，各有所作。王维诗写青龙寺在长安乐游原之南，曲江之北，北枕高原，南眺终南山，居高临下，敞亮开阔，是游乐登临胜地。站在青龙寺高原之上，可以看到阡陌行人、万家市井、山村炊烟、山上远树、西汉墓群。这些个别景物，恰好组成了一幅画面开阔的落日晚照图。尺幅之笔，便把高山脚下、古城之郊的秀丽景物囊括进去了。尾联与首联紧紧照应，仍归结到佛事上。因在禅院集会，诗总不离禅事。王维是善写山水的高手，诗里仍表现出其描摹山水景物的特点。

几首同咏诗的内容都与王维诗相同。然王昌龄诗中"檐外含山翠，人间出世心"尤佳。王缙诗中"林中空寂舍，阶下终南山"二句，写出了青龙寺的位置。裴迪的诗与诸诗不同的是，因为他与王维等人年岁相差悬殊，口气似晚辈，显得更谦虚。如他称昙璧上人不称兄而称"吾师"。这时王维等人都已届中年或更年长一点儿，而裴迪则正在青年。王维与裴迪的交往似从这时开始，他们的交往可能是由于张谓的介绍。从王缙诗里称"大隐客"和"自追攀"分析，王维此时确已隐居。

王维还写了一首《夏日过青龙寺谒操禅师》。操禅师与昙璧上人同在青龙寺，且是青龙寺的住持，说不定是昙璧的老师。由此可见：王维与青龙寺僧人的交往比较多，也许因为他的终南别业与青龙寺相距较近，来往方便吧！他这次是与裴迪一同到青龙寺谒操禅师的，目的是参禅问法。裴迪也有同咏。

王维诗云：

> 龙钟一老翁，徐步谒禅宫。欲问义心义，遥知空病空。山河天眼里，世界法身中。莫怪销炎热，能生大地风。

裴迪的同咏是：

> 安禅一室内，左右竹君幽。有法知不染，无言谁敢酬。鸟飞争向夕，蝉噪已先秋。烦暑自兹适，清源何所求。

这次活动是在夏末秋初的时候，两人的诗对时令都有明确记载。

从这些诗里记叙的这两次同游看，此时王维与裴迪都居住在终南山，两人已经成了诗侣。

王维与黎昕交往也集中在这个时期。[①]从王维诗中提到黎昕的情况，只知他是河南淅川人，曾闲居终南山，后来做过拾遗的官。六月莲花盛开的时候，王维与黎昕到青龙寺登临游赏，写诗抒怀。黎昕向王维表示，要在山林幽谷炼药修道。王维不仅赞同他的做法，还想和他一块过修道的生活，于是写了《酬黎居士淅川作》：

> 侬家真个去，公定随侬否？着处是莲花，无心变杨柳。
> 松龛藏药裹，石唇安茶臼。气味当共知，那能不携手。

诗一开始就表示他对黎昕隐居的赞赏。两人感情融洽，志气投合，都喜欢过避世闲居的生活。也表现了他们"着处是莲花，无心变杨柳"，不欲与世俗苟合的情操。莲花纯洁高雅，出污泥而不染；杨柳灵活轻捷，随风飘拂。诗里也透露出他寻找第三条道路，过亦官亦隐生活的原因。

《愚公谷三首》是王维又一次与黎昕同游青龙寺时写的戏作。

---

① 在王维现存的诗里，与黎昕往还的诗就有六首。其中《酬黎居士淅川作》诗题下原注云："昙壁上人院走笔成。"《愚公谷三首》诗题下原注云："青龙寺与黎昕戏题。"两首诗的注表明其与前边提到王维的《青龙寺昙壁上人院集》《夏日过青龙寺谒操禅师》两诗的写作地点均同，诗里提到的昙壁上人也是一个人，都透露出王维和黎昕在这一时期共同活动的信息。

时间大约在暮春。诗云：

愚谷与谁去？唯将黎子同。非须一处住，不那两心空。
宁问春将夏，谁论西复东。不知吾与子，若个是愚公？

吾家愚谷里，此谷本来平。虽则行无迹，还能响应声。
不随云色暗，只待日光明。缘底名愚谷，都由愚所成。

借问愚公谷，与君聊一寻。不寻翻到谷，此谷不离心。
行处曾无险，看时岂有深。寄言尘世客，何处欲窥林。

诗虽属戏语，却表现了王维的哲学理趣，这哲理既表示了他对现实社会的看法，也带有他笃信禅理的主观唯心主义哲思。

"不知吾与子，若个是愚公？"这无疑而问的戏辞中却告诉人们，两人都是"愚公"，说明他们都有闲适的情趣。王维自己讲"吾家愚谷里"，好像他的家就在愚谷。从诗里讲的"此谷本来平"推测，愚谷并非实有深谷。为什么叫愚谷呢？原来是"都由愚所成"。都是因为居住在这里的人愚而得名的。"借问愚公谷，与君聊一寻。"愚公谷在什么地方呢？我们俩找一找吧！"不寻翻到谷，此谷不离心。"不寻自见，谷就在心里，诗的最后说出"寄言尘世客，何处欲窥林"。厌弃尘世，唤人隐居。愚谷就在人心中，是禅宗顿悟即可成佛的主观唯心主义思想的表现。只要心诚，佛地——乐土随处可见。

根据王维的《临高台送黎拾遗》《黎拾遗昕裴秀才迪见遇秋夜对雨之作》，把王维、黎昕、裴迪的共同交往，放在王维隐居终南山时期比较合适。从两首诗里提到的地理位置、环境，可以证明这样推测当无大谬。下边让我们来具体看看这两首诗：

相送临高台，川原杳何极。日暮飞鸟还，行人去不息。

"川原""高台"，都是长安郊区的地名、地貌。长安城郊，特别是东、南、西部一带"荡荡乎八川分流"，隰原交错，十分开阔，时称川原。《临高台送黎拾遗》这首小诗，写王维临高台送黎昕，眼见川原纵横，宿鸟还巢，行人川流不息。从"行人去不息"的情境来看，这高台也必与长安城切近。这首小诗未显时间季节。

《黎拾遗昕裴秀才迪见遇秋夜对雨之作》诗则明书三人此次相会在秋天。诗云：

促织鸣已急，轻衣行向重。寒灯坐高馆，秋雨闻疏钟。
白法调狂象，玄言问老龙。何人顾蓬径，空愧求羊踪。

诗的前四句所写"促织""寒灯""秋雨"，都点明三人这次交往在深秋季节。王维独坐寒灯之下，面对秋雨疏钟，听到蟋蟀凄凉的叫声，对着黎昕、裴迪离去的路出神，显得非常幽静孤独。秋日多淫雨，大概白天也下雨，两人冒雨来访，与王维谈天论地，吟诗唱和，相得甚洽。两人一离去，留下王维自己，便产生孤独凄凉之感。这首诗以环境衬托宁静的氛围是其突出的特点，这也是王维诗惯用的手法。

现存王维近四百首诗里，山水田园诗占有相当数量，即便是那些送行、应制之作也有不少描摹山水的成分，且有佳制名句。这些诗艺术性高，表现手法丰富，形成了王维描摹山水田园的独特风格。这时期王维写的山水田园诗不少，可举出以下几首来看看。

《新晴野望》：

> 新晴原野旷，极目无氛垢。郭门临渡头，村树连溪口。
> 白水明田外，碧峰出山后。农月无闲人，倾家事南亩。

诗写初夏农忙季节雨后新晴的山野风光，近景、远景层次分明。近景写开阔的田野上家家从事农耕，远景写终南山峰和八川清流。生动真切地描绘了雨后山村的奇特景色。特别是"白水明田外，碧峰出山后"两句，写长安南园水色，终南奇峰，层次明晰，意境清丽，是一幅绝好的人甜景美的山水画。

《冬晚对雪忆胡居士家》① 写终南山雪景堪称名诗：

> 寒更传晓箭，清镜览衰颜。隔牖风惊竹，开门雪满山。

---

① 这首诗一作"王劭诗"。据司空曙《过胡居士睹王右丞遗文》云："闭门空有雪，看竹永无人"句，知司空曙所见即王维这首诗。"闭门"二句，实承王诗"隔牖"之意而来。司空曙诗里讲的王维遗文，实从胡处得来，所以，知这首诗是王维所作，不是王劭的诗。

洒空深巷静，积素广庭闲。借问袁安舍，儵然尚闭关。

　　诗虽写于晚上，但却是从早晨写起，首联即点明时间。夜更将尽，东方将露出晓光时，王维即起床梳洗。"隔牖风惊竹，开门雪满山"两句，写得清新含蓄，饶有风味，是王维对自然景物的精心描绘。沈德潜《唐诗别裁集》云："写'对雪'意，不削而合，不绘而工。'忆胡居士'，只末一见。"全诗都写终南山雪景，结尾言情，借袁安卧雪事，暗示胡居士的清贫孤高，也与雪景合。虽然全诗都写冬雪，可句句不离胡居士。诗通过袁安卧雪事把雪景与胡居士紧紧扣在一起写，这是王维写山水景物的高明处。写景句句有情，抒情处处是景，情景交融，不露痕迹。他不仅能把山水景物写活，形象逼真，还能把情写得真挚感人。[①]
　　王维写田园生活的诗如《渭川田家》：

　　斜光照墟落，穷巷牛羊归。野老念牧童，倚杖候荆扉。雉雊麦苗秀，蚕眠桑叶稀。田夫荷锄至，相见语依依。即此羡闲逸，怅然吟《式微》。

---

① 清代朱庭珍《筱园诗话》："咏雪诗最难出色，古人非不刻划，而超脱大雅，绝不粘滞，后人著力求之，转失妙谛。如渊明句云：'倾耳无希声，在目皓已洁。'寥寥十字，写尽雪之声色，后人千言万语，莫能出其右矣。右丞'洒空深巷静，积雪广庭闲'，工部'烛斜初近见，舟重竟无闻'，一写城市晓雪，一写江湖夜雪，亦工传神。"

这首诗描写了傍晚斜光映照下的村落实景：野老倚杖在柴门等候着牧童的归来，蚕眠雊叫，麦子已经扬花秀穗，庄稼汉们扛着锄头一边走一边聊天，真是一幅鲜活的农村生活风俗画，写得朴素真实，鲜明生动。最后写诗人对农村美好生活的向往，更衬托出前边描写的景物之美。

这首诗体现了王维田园诗的基调。在他的笔下，农村田园景物被描绘得那样清澈，明净，农民生活被描绘得那样闲适，安谧。人物和景物被他的诗笔和谐地统一在一起。这些诗体现了王维对农村生活的美好理想。有的人以此批评王维，说他这样写是粉饰生活，掩盖农村的阶级斗争。其实，王维也有反映乡村农民因租赋沉重，生活艰难的诗，如《田家》：

旧谷行将尽，良田未可希。老年方爱粥，卒岁且无衣。雀乳青苔井，鸡鸣白板扉。柴车驾羸犊，草屩牧豪豨。多雨红榴折，新秋绿芋肥。饷田桑下憩，旁舍草中归。住处名愚谷，何烦问是非？

塞北之行：日暮沙漠垂，战声烟尘里

　　王维的塞北之行，是以侍御史的身份巡察新秦、榆林二郡的，时间在天宝四载春夏至天宝五载（746）春，约一年时间。

　　这时唐玄宗在位日久，梦享太平，更加腐化奢侈，挥霍无度，赏赐无节，沉浸在与杨贵妃等的歌舞酒色之中。时有民谣曰："生男勿喜女勿悲，君今看女作门楣。"为满足唐玄宗的享用，王钺等人大肆搜刮民财，岁贡额外增钱百亿万，百姓负担加重，加上边事频繁，阶级矛盾、民族矛盾尖锐。王维虽仍在京做官，但他与朝廷的距离却越来越远。又得宋之问别业，移居辋川，该上朝即上朝办公，下朝就到辋川别业，以诵经与赋诗为事。

　　这次出使塞北，虽同是事边，已不像七年前到河西凉州去的情形。他思想上不仅缺乏为国立功、积极向上的精神，连那开阔的胸襟也没有了，所有的只是孤独凄凉的情调。

　　这年王维已经四十六岁，他由长安出发去塞北的具体时间，应在暮春三月之后。王维集里有一首《三月三日勤政楼侍宴应制》诗，是天宝四载三月三日玄宗在勤政楼赐宴群臣，奉诏而写的。诗只显月日，未纪年。据《旧唐书·玄宗纪》载，玄宗一朝在勤政楼大宴群臣共两次：一次是天宝四载，一次是天宝十四载①，从这首诗的内容与情调分析，当写于天宝四载。为供参酌，全诗录后：

> 彩仗连霄合，琼楼拂曙通。年光三月里，宫殿百花中。不数秦王日，谁将洛水同。酒筵嫌落絮，舞袖怯春风。天保无为德，人欢不战功。仍临九衢宴，更达四门聪。

诗的前四句极写勤政楼前阳春三月，百花竞艳；楼内楼外，仪仗整齐；楼上楼下，彩旗招展，一派升平景象。中间四句写饮宴歌舞，光彩无比。后四句写唐朝国势强盛，天下太平，没有战事。诗虽是歌功颂圣，但所写内容是符合当时国情的。这时唐朝虽潜藏着复杂的矛盾，表面上仍无大的颓势，也无大的战争。特别是"天保无为德，人欢不战功"两句，写的应是天宝初年的太平盛世，不当是天宝十四载安史之乱即将暴发的形势。王维参加了这次宴会，他出使塞北新秦、榆林只能在这次宴会以后，官侍御史。

王维由长安出发，经坊州、富州、延州、绥州、银州，先到麟州的新秦，后到胜州的榆林。榆林，隋开皇七年（587）设县，唐因隋制。地处今准格尔旗东北黄河以南，周围是一片大沙漠。王维到这里为工作计，可能有一段时间的停留。他写《榆林郡歌》时已

---

① 《旧唐书》卷九《玄宗纪》：（天宝）四载春三月甲申，宴群臣于勤政楼。……（天宝）十四载春三月丙寅，宴群臣于勤政楼，奏《九部乐》，上赋诗敩柏梁体。

是春天，所以诗里有"千里万里春草色"的诗句。北国春晚，春光明媚，草色遥生，恐怕得到三、四月份。这也正是放牧的好时间。王维还曾亲到黄河，所以诗里有"黄河东流流不息"。

这段时间王维的官阶虽然有升迁，但因对朝廷中人事关系有意见，这次出使又是独自到荒凉的塞北，所以感到孤独凄戚。诗正真实地表达了他这时的心情：

> 山头松柏林，山下泉声伤客心。千里万里春草色，黄
> 河东流流不息。黄龙戍上游侠儿，愁逢汉使不相识。

诗里虽然也写了山上翠绿挺拔的松柏，山下叮咚的泉水，东流不息的黄河，广阔的草原，王维把塞北黄河流域的山水景物的特点写出来了。但通过对伤心客来的汉（唐）使，和戍边游侠少年愁苦心理的描写，给开阔明朗的场景上，笼罩了一层沉郁凄凉的气氛。松柏是挺拔坚强、率直不阿的，游侠少年是想赴边立功的，可他们长期待在这无人过问的漠北，志不得伸，更衬托出王维出使榆林的难堪心情。

榆林东北过黄河，有一条自东北的城堡附近流过的金河，西南流向黄河，到黄河北岸形成湖泊，然后注入黄河。王维在榆林期间，亲自经历了金河一带的一场战斗，他把所见的战斗场景，写成了《从军行》诗：

> 吹角动行人，喧喧行人起。笳悲马嘶乱，争渡金

河水。日暮沙漠垂，战声烟尘里。尽系名王颈，归来
献天子。

　　金河，一说是黄河，实际是黄河的一条支流。它与黄河相去不
远，今存早出的宋蜀刻本即作"金河"，刘须溪评本、赵殿成《王
右丞集笺注》皆作"金河"。《元和郡县图志》卷四记载，"单于大
都护府，今为振武节度使理所"，管县一：金河，"天宝四年置。初，
景龙二年，张仁愿于今东受降城置振武军，天宝四年，节度使王忠
嗣移于此城内，置县曰金河"，当因金河水得名。王维应是到过振
武军所在地的金河县的。

　　《从军行》这首诗，除尾联外，前六句都是借助于创造气氛，
开拓新鲜的意境，使人们感受到诗人着力渲染的东西，这是王维
艺术手法的特点之一。从全诗的内容看，写的是一场紧急重要的战
斗。可是，首联开始只写集合整队，准备出发，并没有写军情如何
紧急，战事如何严重，而是用"动行人"和"吹角"不住地吹、行
人的喧闹之声，营造紧急集合的气氛，让人们感觉到这不是一场一
般的战斗，更不是平常的集合点卯。写行军，王维也没有在具体行
军上着墨，而是通过笳的悲鸣、马的嘶叫，战士争渡金河，营造了
紧张的行军气氛。"争""乱"二字用得极好，一下子把人马急行、
争渡的气氛写了出来，使人们鲜明地看到大队人马急行军的阵容。
这场非同一般的战斗，王维仅用了"日暮沙漠垂，战声烟尘里"两
句就突出出来了。这是用望远镜去观察远处的一场战斗，并未具体
看清刀来枪往的厮杀。远远望去，只见日将暮的沙漠上烟尘滚滚，

又听战声赫赫，然而，却使人感觉到这场战斗写得非常具体，给读者留下清晰深刻的印象。

王维这次出使塞北，写的另一首纪行诗是《新秦郡①松树歌》：

青青山上松，数里不见今更逢。不见君，心相忆，此心向君君应识。为君颜色高且闲，亭亭迥出浮云间。

从表面上看，王维面对着塞北的棵棵青松，和松树对话，说：你应该晓得我的思想，你姿态颜色高洁而闲静，亭亭玉立地站在那里。实际上是王维触景生情，自表心迹。

这首诗与前文所讲《榆林郡歌》，都是写塞北长松，颇有点儿像寓言诗。诗人用拟人化的手法，对话的形式，歌颂了松树的性格：亭亭玉立，闲淡高雅，迥出于浮云之间。通过对数里仅见的塞北黄土高原上长松的描写，表现了诗人客游朔方的孤独情绪。就他笔下的景物来看，也确实写出了新秦、榆林一带山多、人稀、树少、荒凉、旷达的景象。既表现了诗人的性格，也抒发了王维的心情。诗虽未塑造人物形象，却通过塑造亭亭玉立的山上青松形象，让人感受到像青松一样百折不挠的塞北征人的形象。

近世茅盾的《白杨礼赞》无疑受到王维此诗的启迪。这首诗的妙处也在这里，塞北高原之上的长松不多，数里仅见，而这棵棵青松巍巍挺立于塞北的狂风大雪之中，不减其青翠的颜色和高雅闲

_____

①《新唐书·地理志一》："（关内道）麟州新秦郡，下都督府。开元十二年析胜州之连谷、银城置，十四年废，天宝元年复置。"县三：新秦、连谷、银城。

淡、挺拔崎峻的品质。王维笔下的松树与一般诗人画家笔下的苍松不同。在一般诗人、画家的性格上，又加上了高雅闲淡的特点，这也是王维不同于别人的地方。这也正是四十六岁、过了一段亦官亦隐生活的王维性格的写照。

这时王维的性格是有两重性的。一是他的软弱性，虽不赞成统治者的做法，厌倦社会政治生活，但又不能与之决裂。二是他不愿与当权者同流合污，专权跋扈，去构陷别人，他要保持自己纯洁正直的节操，那亭亭玉立的青松正体现了王维性格中的这个方面，这也是他歌颂塞北长松的目的所在。所以，这棵棵塞北长松，也表现了王维的特殊性格。

王维从塞北回长安后，到别业辋川写了一首《辋川别业》诗：

> 不到东山向一年，归来才及种春田。雨中草色绿堪染，水上桃花红欲燃。优娄比丘经论学，伛偻丈人乡里贤。披衣倒屣且相见，相欢语笑衡门前。

诗里写的东山，指蓝田的尧山。王维离开蓝田去榆林、新秦，整整一年时间。[①]从诗里写的内容、情感、景色看，是春末播种的

---

① 王维屏居蓝田辋川十四年里，整年时间离开这里的只有两次：一次是天宝四载春夏至天宝五载晚春，出使塞北榆林、新秦二郡；一次是在天宝十五载（756）六月安禄山攻占长安，王维被押往洛阳，到第二年（757）九月官军收复长安后王维到长安。回长安后被拘于宣阳里杨国忠的旧宅，回辋川是年底，那是个冬天。

季节。诗写景活泼美丽，富有生气。"披衣""相欢"二句，写他到家时与家人邻里乡亲相见时的欢声笑语，似官出回乡的情调，决非宥罪而被从轻发落后的情形。所以，这首诗正是他从塞北归京交差回到辋川别业所写，是他这段历史的纪实和情绪的反映。

辋川幽居：来者复为谁？空悲昔人有

　　王维于天宝三载开始营造蓝田辋川别业，至乾元元年（758）"施庄为寺"，离开辋川，共在辋川幽居十四年。这段时间差不多占他一生的四分之一。中间经历了出使塞北、母丧丁忧、安史之乱等几次重大事件。这十四年里，除上述情况，他多半还是过着亦官亦隐的生活，思想上更信佛，处世上更消极。

　　母丧丁忧以前，王维除应付官场公事外，公余则在辋川过着闲适自娱的生活。这个时期他写的一些文章虽有文采，然多是应景时文，思想内容可取者少。诗歌已失去开阔博大、奋发向上的精神，代之而来的是山水田园的狭小天地，闲适静穆、超然世外的情调。然而，这些诗像幽谷兰桂、雪中红梅，清新精致，能给人以艺术上的美感享受，也为后世创造了不少值得借鉴的艺术经验。

　　母亲去世，大乱陷贼，严重挫伤了他的政治热情与生活意趣，使这位性格本来就比较软弱的老诗人，更加萎靡不振了。连母丧丁忧前那种应付朝事，自适辋川，亦官亦隐的生活，也难以坚持。精神上的折磨，疾病的缠绕，使他虽年未花甲，却衰老颓唐，不久即上表辞官，久别人世了。

王维营居辋川的事多有记载。《旧唐书·王维传》云：

晚年长斋，不衣文彩。得宋之问蓝田别墅，在辋口，辋水周于舍下，别涨竹洲花坞，与道友裴迪浮舟往来，弹琴赋诗，啸咏终日。尝聚其田园所为诗，号《辋川集》。

《新唐书·王维传》云：

别墅在辋川，地奇胜，有华子冈、欹湖、竹里馆、柳浪、茱萸沜、辛夷坞，与裴迪游其中，赋诗相酬为乐。

王维的辋川别业，表为寺后称清源寺，也称鹿苑寺，地址在蓝田县峣山口的辋后。[①] 王维隐居蓝田县辋川之事和地点具体翔实，但他究竟什么时间隐居辋川却众说纷纭。[②] 说天宝三载王维开始营

---

① 《陕西通志》："辋川在蓝田县西南二十里，王维别墅在焉，本宋之问别圃也。"《长安志》："清源寺在（蓝田）县南辋谷内，唐王维母奉佛山居，营草堂精舍，维表乞施为寺焉。"《蓝田县志》："辋川在县正南，川口即峣山之口，去县八里。两山夹峙，川水从此北流入灞，其路则随山麓凿石为之，计五里许，甚险狭，即所谓圃路也。过此则豁然开朗，四顾山峦掩映，若无路然，此第一区也。团转而南，凡十三区，其景愈奇，计地二十里而至鹿苑寺（唐时称清源寺），即王维别业。"

② 一说王维隐居辋川在开元二十六年至开元二十八年之间。一说王维经营辋川别业在出塞入朝后的开元二十七年。一说王维经营蓝田别业在天宝三载至天宝七载这段时间。一说王维隐居蓝田辋川在天宝三载。

居蓝田辋川比较有据。① 王维《辋川集》第一首《孟城坳》就是他刚营居辋川时写的，诗中明书他"新家孟城口"的时间是"古木余衰柳"的秋天。他面对昔人旧居，顾念自己的身事，发出"来者复为谁，空悲昔人有"的感慨。

宋之问是初盛唐之间的著名诗人，卒于713年，距此时不过三十余年时间。他的别业却从一个风景秀丽、情趣幽雅的所在，变得衰煞不堪而移形换主。王维想：自己以后的情况怎样呢？后我来者又是谁呢？表现了他悯人悲己的颓唐心情。这心情与他初至终南别业时写的《终南别业》诗里所反映的心情不同。有人认为王维隐居的终南别业即辋川别业，是一个地方。既然是一个地方，为什么写两首初至居所的诗呢？而这两首诗的形式、内容、情调又都不同呢？从这两首诗的写作也可证明王维的终南别业与辋川别业是两个地方。

《孟城坳》是王维《辋川集》的第一首诗，也是他最早入住的记录：

新家孟城口，古木余衰柳。来者复为谁？空悲昔人有。

---

① 储光羲《蓝上茅茨期王维补阙》："山中人不见，云去夕阳过。浅濑寒鱼少，丛兰秋蝶多。老年疏世事，幽性乐天和。酒熟思才子，溪头望玉珂。""蓝上茅茨"即王维的蓝田别业，"山中人""才子"俱指王维。从"丛兰秋蝶"看，可知储光羲这次到蓝田访王维在秋天。诗题仍称王维为补阙。王维天宝四载春夏出使塞北时已为侍御史，知王维营居蓝田别业在天宝三载。

　　这首诗是辋川组诗的纲要，象征性地概括了他笔下的辋川山水。从字面上看好像只有"古木余衰柳"一句写景，且突出了他入住时的衰煞古朴。仔细推敲，在诗人预留的空白里蕴含着丰富的潜台词。

　　首句着一"新"字，便可想见诗人的新居必然按他的理想，把残破衰煞的旧居营造成古朴、清雅、幽静的新居，此之为新也。拥有这所别业的昔人，不是一般的人，乃是初盛唐的名家宋之问。王维早慧，十五岁宦游长安，对这位前辈必有了解。宋氏所营的池榭亭台必极胜，辋川风物必极雅，这也可称之为新。新字当包含宋、王二氏所居两层新意。新与旧对，即王维的新居对宋氏的旧居。或宋或王，或新或旧及变化的不同形象，均可在王维所留空白里想象出来。悲昔人、叹来者，实则也慨叹自己，是为主。"古木"即"衰柳"，指昔日所植之柳。今日的衰柳，也让读者意识到昔日植柳之人，故引出悲昔人来，此"衰"字蕴涵所在。

　　诗人的思维流程再往下延伸，第三句着一"复"字，便自然地想到自己这位新主人，和像自己一样后己而来的人。从字面上看，"复"似专指后己而来的第三人。在这看似平实而巧的构架中，也揭出诗人自己。悲昔人已去，出辋川别业一空；叹后者复来，自己又去，必又见辋川无人，此二空也；后来之人再去，此乃三空也。那么，己悲昔人，来者悲己（诗人）。来者尚不知是谁，非不悲己者何？自己的命运岂非与昔人一样，那么对昔人不是空悲吗？悲己才是实。从诗人的沉思悲慨里揭出他佛教的"空无"观。在昔、今、来三代的嬗变、交互构造的象征意象里，揭出"无常""无我"

的佛理义旨及循环轮回思想。

不仅如此，在昔、今、来的嬗变里还揭示出人与自然的变化来。故仅以佛理揭示王维诗所含之意是不够的。此乃把景、理、情三者打并在一起，成就了一首既含佛理义旨，又明哲理，且写辋川景物的浑圆小诗。其他辋川诗大都含此义旨。刘须溪曰："如此俯仰旷达，不可得。"①诚然，王维以旷达之心，慨叹事态变化，不但揭出了他旷达的胸怀，亦见到了诗含哲理的艺术精神！

王维与储光羲是朋友，交往也多。他除了《哭殷遥》《偶然作》诗，记有与储光羲的交往外，还有《待储光羲不至》一诗。储光羲除了上边提到的《蓝上茅茨期王维补阙》诗外，还有《答王十三维》《同王十三维哭殷遥》《同王十三维偶然作十首》。这些诗都可作为两人交往的证明。

储光羲擅长田园诗，笔意细密，且多闲适情调，风格近王维，自称后生。顾况的《监察御史储公集序》记载储光羲的事迹较翔实，且讲了他与王维的关系。兹摘录于此：

> 开元十四年，严黄门知考功②，以鲁国储公进士高第，与崔国辅员外、綦毋潜著作同时。其明年擢第，常建少府、王龙标昌龄，此数人皆当时之秀。而侍御声价隐隐，辐辏诸子，其文篇赋论，凡七十卷。虽无云雷之会，意气相感，而扶危拯病，绰有贤达之风。拔身房庭，竟陷危

①《王右丞集》卷四。
② 严黄门即严挺之，时任黄门侍郎，主持开元十四年的进士考试。

邦，士生不融，可以言命。然窥其鸿黄窈窕之学，金石管
磬之声，如登瑶台而进玉府。灵篇邃宇，景物寥映，绿流
翠草，佳木好鸟，不足称珍。嗣息日溶，亦凤毛骏骨。恐
坠先志，诉洄千里，泣拜告余曰："我先人与王右丞，伯
仲之欢也。相国缙云，尝以序冠编次。"会缙云之谪亡焉。
后辈据文之士，风流不接，故小子获忝操简，伏恐魂游无
方，嗤责造次。茫茫古道，不见来者，岂以龙战，害乎鹿
鸣，齐竽竞吹，燕石争宝。呜呼！薄游之士，未跻一峰，
己代其峻，登阆风者，乃知其迤逦昏明，掩韬将尽，复通
之者，其若是乎！^①

储光羲《答王十三维》诗也有所表示：

> 门生故来往，知欲命浮觞。忽奉朝青阁，回车入上
> 阳。落花满春水，疏柳映新塘。是日归来暮，劳君奏
> 雅章。

这首诗当是天宝初年储光羲在长安与王维交游时所写，时间在
春天。从诗里写他们两人活动的情况看，储光羲早晨就来拜访王
维，恰好王维上朝，未及浮觞畅谈，晚上归来，两人一边弹琴，一
边畅叙。或者竟是储光羲在王维的寓所做客留宿。储光羲比王维年

---

①《文苑英华》卷七〇三。

纪小，官位也低，诗名又远不及王维，所以，在这首诗里表现得相
当谦虚，自称"门生"①。而王维素知光羲能诗，器其才华，故热情
接待，并亲自弹琴赋诗，以享光羲，光羲便写这首诗表示感激。

王维与储光羲的另一次交往当在天宝十一载至天宝十三载。王
维的《待储光羲不至》诗当写于这个时期：

> 重门朝已启，起坐听车声。要欲闻清珮，方将出户
> 迎。晚钟鸣上苑，疏雨过春城。了自不相顾，临堂空
> 复情。

时令在春季，地点在京城。这时大约储光羲已任监察御史，不
然诗里不会讲"要欲闻清珮"。储光羲与王维约好要到王维的住处
做客，王维一清早就启门坐等，心想一听到车声珮响就出门迎接。
可是京城下了一天雨，等到上苑的晚钟敲响，也不见储光羲来，所
以，诗的结联不免有点儿怨言。

殷遥也是王维的好友，所以，他为殷遥送葬时才发出"万事伤
人情"的悲叹。王维诗集里收有两首为殷四送葬的诗，其中《送殷
四葬》曾收入唐代芮挺章选编的《国秀集》。《国秀集》选诗的范围
上自开元以来，下至天宝三载。所以这首诗最迟写于天宝三载。殷

---

① 门生：指弟子。《后汉书》卷三六《贾逵传》云："皆拜逵所选弟子及门生为
千乘王国郎，朝夕受业黄门署，学者皆欣欣羡慕焉。"按汉代公卿多自教授，聚
徒常数百人，其亲受业者为弟子，转相传授者为门生，后世相为沿用，门生与弟
子就不加区别了。储光羲诗中的"门生"就是这个意思。

遥卒于天宝间，不会在天宝元年，定在天宝二年、天宝三载较符合
实际。因为这时王维、储光羲也同在京城长安，所以，才会有同悼
殷遥的诗。王维和殷遥交往，从现存能见到的材料看，只有这一
次。可是从诗里流露出的感情看，两人是年久的深交。让我们先来
看看《哭殷遥》这首诗：

　　人生能几何？毕竟归无形。念君等为死，万事伤人
情。慈母未及葬，一女才十龄。泱漭寒郊外，萧条闻哭
声。浮云为苍茫，飞鸟不能鸣。行人何寂寞，白日自凄
清。忆昔君在时，问我学无生。劝君苦不早，令君无所
成。故人各有赠，又不及平生。负尔非一途，恸哭返
柴荆。

　　储光羲写了《同王十三维哭殷遥》诗。储诗中有"故人王夫
子，静念无生篇"诗句，说明储光羲是随王维参加为殷四送葬的。
王维信无生之学，自恨未导引殷四学无生之学，储光羲此语，正与
王诗合，可见两首诗是同一时间写的"姊妹篇"。

　　关于殷遥的事迹见于文字记载的都不详细。[①]《全唐诗》收他的
诗有《塞上》《送杜士瞻楚州觐省》《友人山亭》《春晚山行》《送友

① 元代辛文房《唐才子传》记载相对较全："遥，丹阳人。天宝间，尝仕为忠王
府仓曹参军。与王维结交，同慕禅寂，志趣高疏，多云岫之想。而苦家贫，死不
能葬，一女才十岁，日哀号于亲，爱怜之者赠赠，埋骨石楼山中。工诗，词彩不
群，而多警句，杜甫尝称许之，有诗传于今。"

人下第归省》（一作刘得仁诗）共五首。

　　根据王维诗中讲的，昔殷遥曾向他求无生之学，共同参禅，是道友。两人都能诗，交游中必有诗往还，又是吟侣。对于这位朋友的死，王维既悲恸又惋惜。悲恸的是殷遥正当壮年，在可以施展抱负、发挥才智的时候却死去了。不仅如此，他的母亲也刚刚死去，停柩在堂，还未来得及安葬。他就这样撇下只有十岁的幼女，与世长辞了。虽然有朋友们相助安葬，那情景也挺凄惨伤悲的。惋惜的是，王维自以为无生之学能使朋友顿悟成佛，到佛地乐土去而没有痛苦，却没能及早地教殷遥学会无生之学，为自己没有尽到朋友的责任而责备自己。王维是很重感情的，他为朋友守灵追悼，扶柩送葬，劝女抚孤，并把他这种感情掇之于诗笔。除了上面这首长篇古诗淋漓尽致地表现出令人鼻酸涕流的感情之外，他还写了一首七绝《送殷四葬》：

　　　送君返葬石楼山，松柏苍苍宾驭还。埋骨白云长已矣，空余流水向人间！

　　殷遥死后埋葬在长安郊区渭南县西南的石楼山上。这首七绝写得有文采、有气势，音律优佳，感情真挚，水平不下于诗人的《九月九日忆山东兄弟》。

交游裴迪：风景日夕佳，与君赋新诗

　　王维与裴迪都居住在辋川，两人的交往贯穿王维辋川屏居的始终。从两人的交往活动可以看出，裴迪比王维年纪小得多，他之所以与王维结识后，从终南别业到辋川都跟着王维，怕是有意向王维学诗修道。所以，两人诗风相近，志趣相投，来去相从，非常契合。下边概述一下王维与裴迪在辋川的交游活动。

　　在蓝田县尧山王维的辋川别业附近有座化感寺，它的规模虽不及悟真寺大，但它滨水际林，野花丛发，松风清凉，幽深雅静，环境很美，那情调很适合王、裴二人的审美，所以他们常结伴来游。有一次王维与裴迪到化感寺，饱享了寺处风光，还受到昙兴上人热情诚挚的接待。两人各写了一首诗以记其事，王维写的是《过化感寺昙兴上人山院》①：

---

① 化感寺：宋蜀刻本《王摩诘文集》作"感配寺"，而在《游化感寺》诗作"化感寺"。《文苑英华》《宋高僧传》、严挺之《大智禅师碑铭》均作"化感寺"，作"化感寺"是。顾本、赵本作"感化寺"误。

　　暮持筇竹杖，相待虎溪头。催客闻山响，归房逐水
流。野花丛发好，谷鸟一声幽。夜坐空林寂，松风直
似秋。

裴迪同咏：

　　不远灞陵边，安居向十年。入门穿竹径，留客听山
泉。鸟啭深林里，心闲落照前。浮名竟何益，从此愿
栖禅。

　　化感寺的建筑非常精巧雅致，正如王维《游化感寺》诗写的
"翡翠香烟合，琉璃宝地平。龙宫连栋宇，虎穴傍檐楹"，像东海
龙宫一样。化感寺周围的环境幽深僻静，清爽明朗，亦如王维写的
"谷静唯松响，山深无鸟声。琼峰当户拆，金涧透林明"一样。

　　王、裴与昙兴上人来往密切，关系特别好。凡到寺院便留斋长
坐，诵禅说法，相携悠游。正像王维诗里写的"暮持筇竹杖，相待
虎溪头"，上人对他们两人来去持杖迎送。诗里用庐山东林寺远法
师与陶渊明、陆修静相交甚厚的事。远法师住处流泉绕寺，流入小
溪，远法师每次送客过溪，就有虎啸，因名虎溪。后远法师送客就
不再超过虎溪了。唯独送陶渊明、陆修静，三人谈笑契合，总是不
知不觉就走过虎溪，当他们发觉已过虎溪时便相对大笑。此后，建
在虎溪上的小桥，也称三笑桥，后人还曾在这里建三笑亭。

　　王诗中间两联"催客闻山响，归房逐水流。野花丛发好，谷鸟

一声幽"为写化感寺周围环境的佳句。写法颇为别致,值得细琢深味。结联写他们夜坐乘凉,"松风直似秋",形容这里夜晚非常凉爽,也说明他们这次到化感寺时为夏天。从裴迪同咏的结联所写"浮名竟何益,从此愿栖禅"看,裴迪还在闲居,他和王维一样笃信禅宗。

裴迪在蓝田辋川也有别业,王维常到裴迪那里玩赏谈禅。《登裴秀才迪小台》,就是王维到裴迪住处的小台玩赏而写的。诗云:

> 端居不出户,满目望云山。落日鸟边下,秋原人外闲。遥知远林际,不见此檐间。好客多乘月,应门莫上关。

裴迪的小台居高临下,能见度广,盘坐其上,可以环视远山近水的佳景。这首诗即写王维到小台上看到的实景和裴迪坐禅的情形。最后讲他们两人关系融洽,乘月夜坐的情趣。

作为诗友道长的王维,无时无刻不在想着裴迪。在隆冬腊月一个景气和畅的好天气里,王维经过裴迪住处,本来想进去邀裴迪携游,可是,看见裴迪端坐温经,不忍打扰。回家以后,又不能忘怀,便写了《山中与裴秀才迪书》,以记其事,以抒其情。这是一篇短小精湛的山水散文,值得一读,故录于后:

> 近腊月下,景气和畅,故山殊可过。足下方温经,猥不敢相烦,辄便独往山中。憩感配寺,与山僧饭讫而去。

北涉玄灞，清月映郭。夜登华子冈，辋水沦涟，与月上下。寒生远火，明灭林外。深巷寒犬，吠声如豹。村墟夜春，复与疏钟相闻。此时独坐，僮仆静默，多思曩昔，携手赋诗，步仄径，临清流也。当待春中，卉木蔓发，春山可望、轻鯈出水，白鸥矫翼，露湿青皋，麦陇朝雊，斯之不远，傥能从我游乎？非子天机清妙者，岂能以此不急之务相邀，然是中有深趣矣！无忽。因驮黄蘖人往。不一。山中人王维白。

　　这封书信记叙了王维独憩感配寺、夜游华子冈的一次活动。这次憩感配寺与他《游化感寺》诗里写的季节不同，应是另一次游化感寺。可见王维居蓝田县辋川别业期间经常游化感寺。他与化感寺里的僧人都很熟，有的交谊很深，可以随餐随宿，任意出入。这篇散文不仅写得清新优美，生动感人，它还代表了唐代散文由初唐的骈体文向中唐的散体文发展中的过渡形式——骈散结合。

　　这篇小文是很典型的生活与艺术"二难消解"后思与境谐的精神记录。把生活作为艺术来享受，并不是所有人都能做到的事，而要能欣赏荒村僻野之物景，就更难了。以王维的观点来看，只有天机清妙者方能领略"是中深趣"。换言之，识得"生活深趣"者也就能解决生活与艺术二难的问题。朱光潜云："物的意蕴深浅与人的性分情趣深浅成正比例，深人所见于物者亦深，浅人所见于物者亦浅。诗人与常人的区别就在此。同是一个世界，对于诗人常呈现新鲜有趣的境界，对于常人则永远是那么一个平凡乏味的混乱体。"① 王维物我合一的内在默契与自然山水建立起了超功利的审美关系，全身心地投入生活，聚精会神地享受生活，生活中无处不桃源也。

《辋川集》不是一起写成的，而是王维、裴迪在辋川生活期间，随兴而游，随游而写的。《华子冈》乃《辋川集》第二首，成时较早，当与《书》同时。"飞鸟去不穷，连山复秋色。上下华子冈，惆怅情何极。"从王维《山中与裴秀才迪书》："清月映郭。夜登华子冈，辋水沦涟，与月上下。……此时独坐，僮仆静默，多思曩昔，携手赋诗，步仄径，临清流也。"可见王维与华子冈的景最爱最亲，地近常游。他已把情与景，生活与艺术融在一起了。这诗、这文都是把诗情、画意、理趣融为一体的典型。

读这首诗，如果说"根在上截"，那么寻根的钥匙则在结句。上下华子冈，赏飞鸟嬉戏的连山秋色，又何必惆怅情极呢？这就把下截与上截勾连在一起，成为浑然整体。上截的飞鸟、连山、秋色之具象，呈现的是诗人着意选择、精心组合的立体图画。这样的用心，表明了诗人的人生、美学的主观取向。飞鸟去不穷者，乃在时间不断推移的时态里，无数的鸟可以在寥廓无垠的连山、秋色的空间里飞去。刚刚入居辋川的王维见鸟在连山秋色的大自然里自由自在地飞翔，而自己却世网婴牵，怎能不惆怅，惆怅又怎能不极呢？王维精通佛籍，熟悉佛典，善以佛喻喻理比己。这当是这幅飞鸟图的言外含意。可见，王维辋川山水小诗既得禅理，也有禅趣。他与

————————
① 《诗论》。

禅结下了不解之缘，其诗也与禅结下了不解之缘。概之虽萧然无言，却调古兴高，幽深有味。

信里还约裴迪来春同到山中畅游。果然，在风和日丽、百花绽蕾的早春，王、裴二人赋诗唱和，闲话农事。王维写了一首《赠裴十迪》诗，虽属赠答，却是一首优秀的田园诗。诗云：

> 风景日夕佳，与君赋新诗。淡然望远空，如意方支颐。春风动百草，兰蕙生我篱。暧暧日暖闺，田家来致词："欣欣春还皋，淡淡水生陂。桃李虽未开，蕤荬满芳枝。请君理还策，敢告将农时。"

这首诗记叙了他和裴迪的一次春游唱和，可惜裴诗已不传于世。诗生动地描写了初春生意盎然的景象，抒发了诗人恬适舒畅的心情，表达了诗人对农事的关心。写景由远及近，层次分明，借农家之口以嘱农事。亲切平易，耐人寻味。所以，清代张谦宜说："《赠裴十迪》，汁清味厚，此加料鲤血汤也。"①

这首诗还透露了王维与裴迪生活上的一些信息：他们都关心农事，从事一些农耕事务。可见他在蓝田辋川的住处不仅是下朝后的别墅，且有一定数量的田园，这田园是否是地处京畿的职田，尚难坐实，但也有可能。

在一个秋天的傍晚，王维闲坐无事，想起诗友，便倚杖柴门颙

---

① 《清诗话续编》上《缄斋诗谈》卷五。

望，触景生情，写下了《辋川闲居赠裴秀才迪》，向裴迪讲自己闲居辋川的生活与感受。诗的前三联重在写景，突出描写辋川秋天傍晚的山村景色："寒山转苍翠，秋水日潺湲。倚杖柴门外，临风听暮蝉。渡头余落日，墟里上孤烟。"苍翠的寒山，潺潺的流水，渡头的落日，村里的炊烟。清静幽雅，如在画中。中二联尤称绝唱。正如清代施补华《岘佣说诗》中说的："写景须曲肖此景，'渡头余落日，墟里上孤烟'，确是晚村光景。"

王维这时仍在朝任官，裴迪也颇有才华，但他们脱尘出世，流连山水，反映了他们对现实的不满。结联"复值接舆醉，狂歌五柳前"不是写楚狂接舆，也不是写五柳先生，而是诗人自摹情态。这形象不太像后期佛徒似的王维，倒像"斗酒百篇""醉眠长安"的李白。由此可见，对一位生活长达六十余岁，创作生涯有四五十年的诗人，是不能偏执一隅认识的，不然就容易片面。这个结尾中所表现出的诗人的性格，其实与他青年时期写的《少年行》"新丰美酒斗十千，咸阳游侠多少年。相逢意气为君饮，系马高楼垂柳边"中所表现出的精神是一致的。只是豪壮之气少了，狂放之情多了。这种性格上的变化，正与他几十年的坎坷生活分不开。由于生活的曲折、精神的压抑，多少使这位少有远大抱负、才华横溢的诗人的精神状态有些改变罢了。

山水小诗：独坐幽篁里，弹琴复长啸

　　王维与裴迪共同游览辋川诸胜境，每人各写下二十首五言绝句集成的《辋川集》，不仅是他俩一生中的重要活动记录，也是我国古代山水诗的精品，为后人喜爱。他俩的交游也成为我国文学史上的佳话。

　　蓝田县辋川是一个风景秀丽的好地方，《陕西通志》说："辋川口即峣山之口。去县八里，川口为两山之峡，随山凿石，计五里许，路甚险狭。过此豁然开朗，村墅相望，蔚然桑麻肥饶之地，四顾山峦掩映，似若无路。环转而南，凡十三区，其美愈奇，王摩诘别业在焉。有孟城坳、华子冈、文杏馆、斤竹岭二十景。维日与裴迪游咏其间，旧有《辋川图》四幅，沈国华摹十二幅，举世宝之。"王维的《辋川集序》，对他与裴迪游览吟咏辋川二十景讲得更具体。他说：

　　　余别业在辋川山谷，其游止有孟城坳、华子冈、文杏
　　馆、斤竹岭、鹿柴、木兰柴、茱萸沜、宫槐陌、临湖亭、

南垞、敧湖、柳浪、栾家濑、金屑泉、白石滩、北垞、竹
里馆、辛夷坞、漆园、椒园等。与裴迪闲暇，各赋绝句
云尔。

《辋川集》编成以后，风行于世，影响很大，自中唐以后，诗
人争相摹写。①

这组诗有他们初居辋川、深秋初冬写的，如《孟城坳》。王维
诗云"新家孟城口"，知他们的别业就在孟城古城之下，可以经常
登城游览，正如裴迪同咏所云："结庐古城下，时登古城上。"有春
游所作，如《辛夷坞》《柳浪》。在辛夷花开的春天，两人到辛夷坞
游赏，看到"色与芙蓉乱"（裴迪诗句），便用诗的语言，摄下了
这幅春景。有夏天的写照，如写弹琴长啸，独坐幽篁乘凉的《竹里
馆》。清风习习的敧湖，四周芙蓉盛开的临湖亭。已知这些诗里写
秋景的最多，如写连山秋色的《华子冈》，秋日余照的《木兰柴》，
红绿结实、硕果累累的《茱萸沜》。还有《宫槐陌》《栾家濑》《白

① 中唐韩愈有《奉和虢州刘给事使君三堂新题二十一咏（并序）》，序云："虢州
刺史宅连水池竹林，往往为亭台岛渚，目其处为三堂。刘兄自给事中出刺此州，
在任逾岁，职修人治，州中称无事。颇复增饰，从子弟而游其间；又作二十一诗
以咏其事，流行京师，文士争和之。余与刘善，故亦同作。"这二十一咏是：《新
亭》《流水》《竹洞》《月台》《渚亭》《竹溪》《北湖》《花岛》《柳溪》《西山》《竹
径》《荷池》《稻畦》《柳巷》《花源》《北楼》《镜潭》《孤屿》《方桥》《梯桥》《月池》
等。所以清查慎行说："二十一章校王、裴《辋川》唱和，古意渐远。"蒋之翘也
说："此退之《三堂二十一咏》，盖亦步武摩诘《辋川杂诗》而未逮者，已不免落
宋人口吻矣。"

石滩》等。由诗里所写的季节看，春、夏、秋、冬都有，所以，这组诗决非一次写成，两人游这二十景也绝非一次，定是他们居此多年，无数次游览，无数次吟咏，最后，把他们最满意的吟咏编成一辑，张行于世的。

一切美的东西，如诗、如画，皆能使观听之人兴感怡神，给人以美的感受，陶冶人的情操。辋川山水与祖国其他山水一样是美的，王维通过选择、集中、加工、概括，把他一刹那间的感觉，写出来引起读者美的共鸣。这二十首诗，既体现了他后期的思想倾向，也代表了他后期山水田园小诗的艺术特点。王维的山水小诗继承了魏晋以来山水诗的传统，兼备陶（渊明）谢（灵运）之长，具有独特的艺术风格。如《木兰柴》：

秋山敛余照，飞鸟逐前侣。彩翠时分明，夕岚无处所。

写风停雨霁，云浮无定，秋山晚霞，归鸟追逐，山色青翠，晚霞橘红的山景，绘色绘形，怡情传神。相比之下，裴迪的同咏有的或过于王维同咏，然总体衡量艺术水平就有所不及了。

辋川小诗，写的境界虽不大，但都能给人以完整的形象，按照这些诗提供的艺术材料，不加工点缀即可绘制一幅完整的山水小帧。如《栾家濑》：

飒飒秋雨中，浅浅石溜泻。跳波自相溅，白鹭惊复下。

这四句二十个字的小诗写的不就是一幅白鹭戏水的飒飒秋雨图吗?

王维善于移情入景,将"情景打成一片",因而他的诗有"以我观物,故物皆著我之色彩"的"有我之境"。如《华子冈》:

飞鸟去不穷,连山复秋色。上下华子冈,惆怅情何极。

裴迪同咏写的也很有特色,可算是学师有成,相得益彰了。诗曰:

落日松风起,还家草露晞。云光侵履迹,山翠拂人衣。

把人化于山色之中,把山景拟人化了,可谓学习王维诗得其三昧。

王维的辋川小诗多用流畅清新的淡语、浅语,写出韵味无穷的诗来。如《鹿柴》:

空山不见人,但闻人语响。返景入深林,复照青苔上。

《竹里馆》:

独坐幽篁里,弹琴复长啸。深林人不知,明月来相照。

《辛夷坞》：

> 木末芙蓉花，山中发红萼。涧户寂无人，纷纷开且落。

辋川诸诗大都有这个特点，几乎没有一个难懂的词，未用一个成语，不借一个典故。好像山涧自然流出的清泉，一眼见底。但是，要体味诗的意境、兴象，琢磨诗人的感情，却非深入思索、细细体会不能得其妙。正如清代施补华讲的："辋川诸五绝清幽绝俗，其间'空山不见人''独坐幽篁里''木末芙蓉花''人闲桂花落'四首犹妙，学者可以细参。"[①]他之所以能独得辋川山水田园真谛，盖因"王摩诘胸中真有辋川，非强为之词者"。[②]《辋川》二十首分别写了辋川二十景，总绘辋川别业景色的当是他的《酬虞部苏员外过蓝田别业不见留之作》这首诗：

> 贫居依谷口，乔木带荒村。石路枉回驾，山家谁候门。渔舟胶冻浦，猎火烧寒原。唯有白云外，疏钟闻夜猿。

虞部苏员外到蓝田县辋川别业拜访王维不遇，留诗而返。王维回到别墅见到苏员外的诗，有感而发，写了这首诗。其实，这首诗把他的辋川别业周围的景色作了概括而形象的描写。先写别业周

---

① 《岘佣说诗》。

② 宋徵璧《抱真堂诗话》。

围高树环绕，幽静惬意。再写山路石径，冻浦渔家，寒原猎火。最后写古刹钟声，山林猿啼，诗境如绘，在幽雅静穆之中显出一派生机。

王维屏居辋川后，虽然还过的是亦官亦隐的生活。但是，他与当政者的距离越来越远，思想情绪完全成为一个隐士。以上所述，已见他辋川生活的一斑。下边可再通过他的几首诗，进一步了解王维屏居辋川这个时期的生活。先看看《辋川闲居》这首诗：

> 一从归白社，不复到青门。时倚檐前树，远看原上村。青菰临水披①，白鸟向山翻。寂寞於陵子，桔槔方灌园。

诗的首尾两联各用了性质相同的一个典故。首联用洛阳道士董威辇居洛阳故城建春门东的白社修道。所以，后人称隐士居住的地方为白社。唐代京城长安城门中有青琐门，简称青门。结联用於陵子的故事。齐国高士陈仲子，兄陈戴为齐国上卿，俸禄很高，仲子认为不义，便携家到楚地於陵隐居，号於陵子。楚王听说他贤能，便拿重金请他出来做官，他谢绝后逃到别处，给人家汲水浇园子去了。这两联的意思是说：我自从隐居辋川以后，在田园里过着农耕生活，再不到京城上朝去了。他的生活怎样呢？诗中告诉我们，他有时在家门前拄杖倚树看看远处原上的村庄，水边的青菰，山上翻

---

① 披：顾起经本、赵殿成本作"映"。宋蜀刻本作"披"，不误。

飞的白鸟。真是悠闲自得。

早春宿雨之后，诗人身著弊袍，脚踏轻便的木屐到绿柳红桃、满畦白水的田间游逛，举槔灌田，布棋对局，持几静坐，直到太阳落山才返回别墅。这便是摩诘《春园即事》里写的内容。诗云：

> 宿雨乘轻屐，春寒着弊袍。开畦分白水，间柳发红桃。草际成棋局，林端举桔槔。还持鹿皮几，日暮隐蓬蒿。

诗人把自己摆进去，融化在诗境中，抒发了他的闲情，反映了他的日常生活。这虽是一天生活的写照，我们却可以从中了解到王维在辋川是如何生活的。从以上两首诗里所塑造的诗人形象看，王维确实像解甲归田、隐居山林的隐士。

母丧丁忧：杜门不欲出，久与世情疏

　　母丧丁忧、守孝辋川，是王维居辋川时期的一件大事。

　　天宝九载，对国家、对王维个人都是一个多灾多难的年头。前一年唐玄宗命哥舒翰攻石堡城，将士死者数万。关中大旱成灾，百姓生活困苦。杜甫游长安，进《雕赋》未遇，生活困顿，只得寄食亲友。王维的母亲去世，辞官回辋川庐墓守孝。

　　石堡城坚固险要，易守难攻，唐军取石堡城后，玄宗君臣以为得先祖神兵之助，王维受托代群臣写了《贺神兵助取石堡城表》。表中有云："去载七月，于万春乡界，频见圣祖空中有言曰'我以神兵助取石堡城'。当时具经郡县陈说，并有文状申奏讫。今载正月，又于旧处再见。……""去载"指天宝八载，"今载"指天宝九载。据表中所记年月日推断，此表写于天宝九载一月底或二月初，此时王维仍上朝办公。

　　居母丧应是上表后的事。《旧唐书·王维传》云："居母丧，柴毁骨立，殆不胜丧。服阕，拜吏部郎中。"又据《资治通鉴》卷二一六记载："（玄宗天宝十一载三月），乙巳（二十八日），改吏部为文部，兵部为武部，刑部为宪部。"王维本传既称他守孝期满回朝复官为"吏部郎中"，可见天宝十一载三月二十八吏部改名文部前他已服阙拜官了。中国封建社会的习俗，父母去世，长子守孝为三周年，即从卒那一天起为第一个周年日，到第三个周年日，就算守孝三年①。从王维上《贺神兵助取石堡城表》的时间与他服阙拜吏部郎中的时间分析，知他守丧当从天宝九载二月至十一载二三月间。

"杜门不欲出，久与世情疏。"虽是王维劝朋友孟浩然的诗句，借用于此时王维"屏居蓝田"，闭门守孝是颇为恰切的。王维的《酬诸公见过》诗题下注明："时官未出在辋川座。"说明他此时正守孝。王维官出辋川后几与外世隔绝，不肯出门，这也是守孝的习俗。所以，这段时间他的活动不多。见于诗文记载的：一次是诸公来辋川看他，他接待诸公的活动；一次是他为韩朝宗写墓志铭。

王维的母亲去世以后，他痛不欲生，"嗟余未丧，哀此孤生"（《酬诸公见过》诗，此节下文所引四言诗句均为此诗）。这次诸公特地到辋川来看他，王维非常感激，并诚挚热情地接待诸友。正如诗里说的："我闻有客，足扫荆扉。箪食伊何？副瓜抓枣。"听说朋友来到，赶快开门迎接，把辋川特产和他自己亲手种的瓜枣拿出来招待老朋友。这几句诗写得真率，朴实，诚恳，热情。王维辞朝以后，年老体衰，与诸公相聚，自愧寒酸。正如诗里表白的："仰

①《旧唐书》卷九一《张柬之传》云："时弘文馆直学士王元感著论云：'三年之丧，合三十六月。'柬之著论驳之曰：'三年之丧，二十五月，不刊之典也。'"并举《春秋》记载为例证之。

厕群贤，皤然一老。愧无莞簟，班荆席藁。"虽然没有山珍佳肴招
待，陈设也非常简陋，但因为都是老朋友，所以丝毫看不出他们有
什么不融洽的地方。这绝不是官场的社交，而是故知的兴会。"泛
泛登陂，折彼荷花。净观素鲔，俯映白沙。"在家里畅谈阔别，热
情招待后，王维便领着诸公到附近的山坡上闲游。碧水芙蓉，游鱼
戏耍，一派山村好景。"山鸟群飞，日隐轻霞。登车上马，倏忽雨
散。"写他与诸公一直游到夕阳霞照，群鸟归巢，众友才登车上马，
纷纷离去。诸公离去以后，顿时"雀噪荒村，鸡鸣空馆"。他便感
到"幽独"，不由心情惆怅，"重欷累叹"。这时他在辋川过的生活，
却像解甲归田、躬耕劳作的农夫。诗的开头一段对这种生活作了具
体描述：

屏居蓝田，薄地躬耕。岁晏输税，以奉粢盛。晨往东
皋，草露未晞。暮看烟火，负担来归。

写他自耕自食，还得交税。早晨露水还未干就到田里去，傍
晚看到村里炊烟升起时，才担着东西回村。这多么像一位朴实的
老农。

天宝十载（751）十月二十四日，吴兴郡别驾、前京兆尹韩朝
宗葬于蓝田县白鹿原，正巧王维也在蓝田屏居，朝宗之子就请王
维写"墓志铭"。王维写了《唐故京兆尹长山公韩府君墓志铭（并
序）》，序云：

　　公讳某，字某，本出昌黎，今为京兆人也。……天宝
九载六月二十一日寝疾，薨于官舍，享年六十有五。……
夫人河东柳氏……以开元五年六月五日先公而卒，以天宝
十载十月二十四日合祔，陪于蓝田鹿原长山公先茔。

　　说明这篇墓志铭并序同写于天宝十载十月，这时王维仍在辋川
丁忧。

　　天宝十一载春，王维守孝期满，回朝复职任吏部郎中。这一
年，史称"媚事左右，迎合上意，以固其宠"的李林甫卒，居相位
十九年。后以不学无术、强辩轻躁的杨国忠为宰相。唐玄宗更加
昏庸，朝事愈加混乱，唐朝的政治危机已逐渐形成。唐玄宗更加轻
信重用安禄山、史思明，委以重任，给予实权，增兵，添马。诗人
李白曾北游广平、范阳。遇边地战事，有灭虏之志。看安禄山的骄
纵之势，觉察到其有叛乱征兆，忧国忧民，写下《出自蓟北门行》
诗。王维复官以后，四月一日曾参加了唐玄宗敕赐百官樱桃的一次
盛会，写了《敕赐百官樱桃》这首名诗：

　　芙蓉阙下会千官，紫禁朱樱出上兰。才是寝园春荐
后，非关御苑鸟衔残。归鞍竟带青丝笼，中使频倾赤玉
盘。饱食不须愁内热，大官还有蔗浆寒。

　　诗题下原注为："时为文部郎中。"说明王维已由复官时的吏部

郎中改为文部郎中。① 也证明他这时已不仅在辋川屏居，而是参加了朝政，过亦官亦隐的生活了。

诗结联颂赞君恩长久，高官还可享用蔗浆。全诗重叙事，并无诔词，且隐含讥讽。对这首诗历来多有好评。②

---

① 《新唐书·百官志》："天宝十一载改吏部曰文部，至德二载复旧。"

② 清代方东树《昭昧詹言》："起亦是监题之脑。三、四在赐之前补二句，意思圆足。五、六赐字正位，收题后补义，格律详整明密。"清代薛雪《一瓢诗话》："王摩诘学佛，不得已也。如敕赐百官樱桃，当时赋诗纪恩者不一，独摩诘三、四两句，人所忽而不言者，而独言之。是天理人心之砥柱，不是他人一味铺张盛事，夸耀君恩而已。"清代张谦宜《𬤝斋诗谈》："三、四言其新，五、六言其多，七、八用补笔跳结，意更足，法更妙，笔更圆活。"清代沈德潜《唐诗别裁集》："词气雍和，浅深合度，与少陵《野人送朱樱》诗，均为三唐绝唱。"

第五章
晚年惟好静

　　纵看王维一生,幼从儒入,中好道笃佛,晚过
虽官而清净无为的生活,却忧国恋家,落到念国中
兴上。他的诗虽受佛徒"净"的思想陶冶,却悟出
一个"洁"字,故诗评家认为王维诗"最洁"。

陷贼称病：顽疏暗人事，僻陋远天聪

天宝十四载十一月，安禄山、史思明在范阳起兵。一声惊雷，打破了年已七十二岁的李隆基这位老皇帝的桃花梦。唐王朝内外隐藏多年的社会矛盾集中爆发了出来。李隆基本来是平太平公主之乱有功即帝位的。即位后，他任用贤能，励精图治，确实在发展唐朝的经济、稳定唐朝的政治形势、团结四境少数民族、巩固国防、加强中外经济文化交流上，做出了成绩，开创了我国中世纪封建社会的开元盛世。然而后期自他信用"口蜜腹剑"的李林甫为相，贬谪宰相张九龄为荆州长史以后，再也无人敢批评朝事。李林甫在相位十九年，迎合上意，嫉贤妒能，排斥异己。特别是杨玉环被册封为贵妃以后，李隆基将朝事一委李林甫，自己整日沉醉于酒色歌舞之中。杨氏得宠，她的兄弟姊妹都被加官晋爵，赏赐无度，大量挥霍国库金帛。唐玄宗又轻信安禄山，破格升迁，厚兵增马，养成羽翼。结果造成安史大乱。

这场长达八年的战乱，不仅使唐王朝经济、政治急转直下，给国家、百姓带来了极大灾难；也给盛唐诗坛带来了一个根本性的转折。出身于中上层官僚的诗人，由于目睹了天宝朝政治腐败，经济困顿，亲身经历了安史之乱的苦痛，但又没能接近下层人民，认识不到这场战争的实质，悲于国家、人民的前途，悲于个人的命运，忧患变成了颓唐，怨愤成了忏悔，王维是典型的代表。因此，他内心的隐痛，无法排解，造成了晚年精神上的极度痛苦。可以毫不夸张地讲：是天宝时代政治造成的忧郁、忏悔、颓唐，埋葬了有理想、有抱负、有才华的诗人王维。但是，他将要停止跳动的心仍希望唐朝中兴，百姓安乐。

以杜甫为代表的来自社会下层的诗人，一度涉足官场，体验了王朝的政治生活，又在战乱中混迹于百姓灾难的苦海之中，和广大百姓一样，吃尽了王朝政治腐败、安史战乱的苦头。面对社会生活，敢于正视现实，挺胸振笔，奋力写下了反映安史之乱的"史诗"，成为我国古典现实主义最有资格的代表。

作为诗人，由于出身、道路的不同，时代的不幸也造成了王维个人的不幸。安史之乱使他这位有艺术创造才能的诗人，结束了闪光的艺术生命，他晚年虽然也写了一些应景诗，却不再有政治上、艺术上的追求，失去了艺术的光辉。杜甫则不同，时代的不幸却成了他的幸运，时代的灾难却使他的诗歌创作由雄壮变为沉郁，发出彪炳千秋的光辉，成为"史诗"式的伟大现实主义诗人。

王维丁母忧后，到安史乱前的官职已升迁到正五品上的给事中。[1] 王维曾写过一首《酬郭给事》诗，就是讲他在给事中任上的

---

[1]《旧唐书·王维传》："天宝末，为给事中。"

生活。诗云：

> 洞门高阁霭余辉，桃李阴阴柳絮飞。禁里疏钟官舍晚，省中啼鸟吏人稀。晨摇玉珮趋金殿，夕奉天书拜琐闱。强欲从君无奈老，将因卧病解朝衣。

"省中"，即唐时的门下省。王维与郭给事当同朝奉职于门下省。诗里讲：早晨他和郭给事穿上朝服一同上朝，晚上又一同捧着皇帝的诏书拜辞皇帝居住的青琐门①。杜甫《奉同郭给事汤东灵湫作》诗，与王维《酬郭给事》诗当写于同时。如仇兆鳌云："安禄山反，在天宝十四年十一月，此诗当是其年十月作。此时反信未至，而逆迹已萌。"两首诗里的郭给事也是一个人，而诗也写于同时。杜甫诗云："飘飘青琐郎，文彩珊瑚钩。浩歌渌水曲，清绝听者愁。"②从王诗的结联"强欲从君无奈老，将因卧病解朝衣"看，郭比王年轻，这时五十六岁的王维已年老力衰了。

王维有一首五言绝句《左掖梨花》，也写他这时期的生活。诗的艺术性也高，云：

---

① 《后汉书·百官志三》："（黄门侍郎），掌侍从左右，给事中，关通中外。"《汉旧仪》曰："黄门郎属黄门令，日暮入对青琐门拜，名曰夕郎。"《宫阁簿》："青琐门在南宫。"卫瓘［权］《吴都赋》注云："青琐，户边青镂也。一曰天子门内有眉，格再重，里青画曰琐。"

② "青琐郎"即指给事中。仇兆鳌注引《汉旧仪》："给事皇门侍郎，每日暮，向青琐门拜，谓之夕郎。"仇兆鳌将杜甫《奉同郭给事汤东灵湫作》诗系于天宝十四载，知王维《酬郭给事》也当写于天宝十四载，王维、郭给事同为给事中。

闲洒阶边草，轻随箔外风。黄莺弄不足，衔入未央宫。

诗人上朝、下朝看到门下省门前的梨花，黄莺在梨树上衔花鸣啭，飞来飞去，有感而写。诗只四句，虽写无关紧要的小事，却别致新颖。所以王夫之云："'黄莺弄不足，衔入未央宫'，断不可移咏梅、桃、李、杏，而超然玄远，如九转还丹，仙胎自孕矣。"[①]这时丘为、皇甫冉与王维同为僚友，两人都有同咏，都附王集。也是同僚公余的唱和。

天宝十四载冬王维的朋友綦毋潜见安史乱起，朝政昏乱，官况日恶，心怀不满，又无法改变这种现状，便弃官回江东隐居了。临行前王维怀着惋惜与沉郁的心情，写了一首《送綦毋校书弃官还江东》诗。《唐才子传》上讲，綦毋潜"后见兵乱，官况日恶，挂冠归隐江东别业。王维有诗送之……一时文士咸赋诗祖饯，有集一卷行世"。可见当时綦毋潜、王维等已清楚地看到唐王朝政治危机的总爆发。他们的不满之情向何处发泄呢？只有"余亦从此去，归耕为老农"了。王维与綦毋潜已是交往多年的老朋友了。他们的交往除前文引述那首诗外，还有《送綦毋潜落第还乡》《别綦毋潜》等诗。

由"归耕为老农"这句诗可以想见，王维在安禄山起兵范阳后，他是常住在蓝田辋川过隐居生活的。

天宝十四载二月，安禄山心藏杀机，却上疏唐玄宗，要求在所管辖的诸郡内，请以蕃将代汉将。四月又上疏请把洛阳驻扎的

---

①《姜斋诗话》。

二十万兵马调往蓟门，归他统领。唐玄宗不察其意，皆许之。安禄山经过一番精心部署，十一月起兵范阳，很快攻占了河北诸郡。唐玄宗虽命荣王李琬为元帅、高仙芝为副元帅，统领大军东征，但由于兵将久不打仗，思想松弛，武备不足，阵阵败退。高仙芝被杀，河南一些郡县和东都洛阳被占。唐玄宗又以年老多病的哥舒翰为副元帅，据守潼关。天宝十五载正月，安禄山在洛阳自称大燕皇帝，六月九日便攻占潼关，生擒哥舒翰。六月十二日唐玄宗率王室、群臣逃往蜀州，六月十七日长安被占。王维还未来得及随唐玄宗逃走，就被安禄山的兵抓获，押送到洛阳去了。王维的好友大画家郑虔也被押送到洛阳。

这年王维已经五十七岁了，他年老体弱，常闭门诵禅作诗自娱。此时王维的官位虽不算很高，名气却非常大。安禄山素知他的才名，所以把他送到洛阳后即仍授以给事中的职务。王维比较软弱，不像颜杲卿那样起兵抗贼，兵败骂贼而死；但是，他终究是位有气节的诗人，不愿顺从安禄山而背叛唐王朝。于是，便服药取痢，伪称喑病，不愿就职。因而就被禁押在菩施寺（即菩提寺）。对这件事情，史书、杂著多有文字记载，内容大致相同。《旧唐书·王维传》云：

> 禄山陷两都，玄宗出幸，维扈从不及，为贼所得。维服药取痢，伪称喑病。禄山素怜之，遣人迎置洛阳，拘于普施寺，迫以伪署。禄山宴其徒于凝碧宫，其乐工皆梨园弟子、教坊工人。维闻之悲恻，潜为诗曰："万户伤心生

野烟，百官何日再朝天？秋槐花落空宫里，凝碧池头奏管弦。"贼平，陷贼官三等定罪。维以《凝碧诗》闻于行在，肃宗嘉之，会缙请削己刑部侍郎以赎兄罪，特宥之，责授太子中允。

安禄山大宴群僚在八月，后不久，王维的朋友裴迪到菩提寺来看他，把宴会上的情况告诉了他。①把安禄山飞扬跋扈，摧残百姓，掠夺两京的情况也告诉了王维。王维写诗表达对安禄山的不满，对唐玄宗的怀念。除了以上那首七绝《凝碧诗》外，还有一首五绝《口号又示裴迪》，在无奈何中流露了他消极退隐的思想：

安得舍尘网，拂衣辞世喧。悠然策藜杖，归向桃花源。

这些记载与王维七绝诗题所说"菩提寺禁，裴迪来相看，说逆贼等凝碧池上作音乐，供奉人等举声便一时泪下，私成口号，诵示裴迪"也是一致的。但对王维受伪职事也有不同看法。元初诗人刘因《辋川图记》云：

①《明皇杂录》："群贼因相与大会于凝碧池，宴伪官数十人，大陈御库珍宝，罗列于前后。乐既作，梨园旧人不觉歔欷，相对泣下。群逆皆露刃持满以胁之，而悲不能已。有乐工雷海清者，投乐器于地，西向恸哭。逆党乃缚海清于戏马殿，支解以示众。闻之者莫不伤痛。"《资治通鉴》："禄山宴其群臣于凝碧池，盛奏众乐；梨园弟子往往歔欷泣下，贼皆露刃眄之。乐工雷海清不胜悲愤，掷乐器于地，西向恸哭。禄山怒，缚于戏马殿前，支解之。"

维以清才位通显，而天下复以高人目之，彼方偃然以
前身画师自居，其人品已不足道。然使其移绘一水一石一
草一木之精致，而思所以文其身，则亦不至于陷贼而不
死，苟免而不耻，其紊乱错逆如是之甚也。岂其自负者
固止于此，而不知世有大节，将处己于名臣乎？斯亦不足
议者。

　　刘因此议不是没有一点儿值得参酌的，然过于言重，实不符合
当时的复杂情况。

　　天宝十五载六月十四日马嵬坡兵变，杀死杨国忠，缢死杨玉
环。诏命太子李亨分兵抗贼，唐玄宗李隆基继续奔蜀。七月十二日
李亨在灵武即皇帝位，始称至德元载。七月二十八日唐玄宗到达
成都。八月十二日唐肃宗李亨派使到达成都，向唐玄宗李隆基呈奏
了他即皇帝位的表疏。唐肃宗自称上皇，称唐玄宗为太上皇，唐玄
宗见之大喜曰："吾儿应天顺人，吾复何忧！"唐玄宗随即指使中
书舍人贾至写了传位诏书。派宰相韦见素、文部尚书宰相房琯，崔
涣、贾至等为传位使团，奉命持传国宝玉册，到灵武正式宣布禅位
于李亨①。

　　至德二载（757）正月，安庆绪杀死他的父亲安禄山自即帝位。
四月，唐朝廷以郭子仪为天下兵马副元帅，率兵赴凤翔勤王。五月

────────────

①《资治通鉴》卷二一八，肃宗至德元载："丁酉，制：'自今改制敕为诰，表疏
称太上皇。四海军国事，皆先取皇帝进止，仍奏朕知；俟克复上京，朕不复预
事。'己亥，上皇临轩，命韦见素、房琯、崔涣传国宝玉册诣灵武传位。"

任张镐为相。九月天下兵马大元帅李俶（后改名"豫"）、副元帅郭子仪率朔方军与回纥、西域兵取长安，安庆绪兵大败，唐军收复长安。十月唐军进军洛阳，安庆绪败走河北。肃宗率群臣返回长安。十一月张镐率军收复河南诸郡。十二月唐玄宗返回长安。唐军收复洛阳后，王维、郑虔、张通等陷贼官员被押回长安。王维被囚于宣阳里杨国忠旧宅①。十二月，唐肃宗接受李岘建议，对陷贼官按情节重轻六等定罪。王维因有《凝碧诗》，弟王缙请削己官为兄赎罪，崔圆等重臣保救，才得免罪，只是罢官了事。②

　　王维被赦免后并未立即复官，这段时间不长，他仍回到蓝田辋川别业闲居。工部侍郎李尊怜念故交，曾派人慰问王维，王维非常感激，遂写了一封《与工部李侍郎书》，表示感谢。书云：

　　　　一昨出后，伏承令从官将军车骑至陋巷见命，恨不得随使者诣舍下谒。……维自结发，即枉眷顾，侍郎素风，维知之矣。宿昔贵公子，常下交布衣，尽礼髦士。绝甘分少，致醴以饭，汲汲于当世之士，常如不及。……维虽老

①《资治通鉴》卷二二〇肃宗至德二载十月："广平王俶之入东京也，百官受安禄山父子官者陈希烈等三百余人，皆素服悲泣请罪。俶以上旨释之，寻勒赴西京。己巳，崔器令诣朝堂请罪，如西京百官之仪，然后收系大理、京兆狱。"
② 王谠《唐语林》："长安菩萨（提）寺僧弘道，天宝末，见王右丞于贼所囚于经藏院，与左丞裴迪密往还。裴说：贼会宴于太极西内，王闻之泣下，为诗二绝，书经卷麻纸之后，弘道藏之，相传数世。其词云：'万户伤心生野烟，百官何日更朝天。秋槐叶落空宫里，凝碧池头奏管弦。'又云：'安得舍尘网，拂衣辞世喧。悠然策藜杖，归向桃花源。'"

贼，沉迹无状，岂不知有忠义之士乎？亦常延颈企踵，向风慕义无穷也。然不敢自列于下执事者，以为贱贵有伦，等威有序。以闲人持不急之务，朝夕倚门窥户，抑亦侍郎之所恶也。而猥不见遗，思曹公命吴质，将何以塞知己之望，报厚顾之恩？内省空虚，流汗而已！

文中王维自命闲人，可知这时他尚未授官。从书中反映的情绪看，他对自己陷贼这件事是痛心疾首的。

复官志禧：自怜黄发暮，一倍惜年华

　　自乾元元年二月，王维被授正五品下的太子中允，至上元元年底上书辞官，这段时间他的官阶一直向上升，最后到正四品下的尚书右丞，可谓官运亨通。但是，他除了对唐肃宗的感激之外，精神却再也振作不起来了。对于唐朝的中兴大业只能寄以希望，行动上则力不从心了。正如他自己说的："臣夙有诚愿，伏愿陛下中兴，逆贼殄灭，臣即出家修道，极其精勤，庶裨万一。"[①] 因此，他晚年则以焚香诵经、玄谈为乐而已。[②] 也只有以佛事来忏悔自己的过失了。这就是他晚年的生活情趣和思想写照。造成这种状态的原因，除年老多病外，主要还是他自己说的，因为"臣闻食君之禄，死君之难，当逆胡干纪，上皇出宫，臣进不得从行，退不能自杀，情虽可察，罪不容诛"[③]。

---

① 《谢除太子中允表》。
② 《旧唐书·王维传》："在京师，日饭十数名僧，以玄谈为乐。斋中无所有，唯茶铛、药臼、经案、绳床而已。退朝之后，焚香独坐，以禅诵为事。"
③ 《谢除太子中允表》。

王维在谢表中尊称肃宗尊号为"光天文武至圣皇帝",这个尊号是至德三载(二月改元乾元)正月初五日上的,可见他除授太子中允当在正月初五日以后。王维诏授太子中允后又加正五品上的集贤殿学士衔。从王维写的《谢集贤学士表》云:"朝议大夫试太子中允臣维稽首言:伏奉今月十八日敕,令臣充集贤殿学士。擢及无能,恩加非望,忭跃惭惧,不知所裁。"为二月十八日,可见此前已授太子中允。

王维授官后写了《既蒙宥罪旋复拜官伏感圣恩窃书鄙意兼奉简新除使君等诸公》诗:

忽蒙汉诏还冠冕,始觉殷王解网罗。日比皇朝犹自暗,天齐圣寿未云多。花迎喜气皆知笑,鸟识欢心亦解歌。闻道百城新佩印,还来双阙共鸣珂。

王维虽病老心惭,但能回朝复官还是很高兴的,特别是和老朋友们一同授官。这首诗把他们的喜悦心情充分表现出来了。虽是颂圣之词,但它不同于一般讨好皇帝的颂歌,好在王维具体生动地描写了唐朝复国,他自己复官后的心理活动。读了以后并不使人厌烦,不使人觉得它是御用文人的"颂词",反而能使人感受到这是一件艺术品,给人以美的享受。诗里"花迎喜气皆知笑,鸟识欢心亦解歌"两句,表现了王维诗寓情于景的一贯特点,让人耳目一新,啧啧称好。从诗的题目"既蒙宥罪旋复拜官"和诗中"忽蒙汉诏还冠冕"句看,王维宥罪与复官时间相隔不久,又从诗里"花笑""鸟歌"所揭示的节令，可知应是初春鸟语花香的时候，这也与表文中所记日期正合。

王维任太子中允时，杜甫正在朝任左拾遗，与王维也有诗往还。杜甫的《奉赠王中允维》诗，正写于这个时候。诗云：

> 中允声名久，如今契阔深。共传收庾信，不比得陈琳。一病缘明主，三年独此心。穷愁应有作，试诵白头吟。

杜甫是亲历安史之乱的，对当时的情况了解比较清楚，对问题的看法也比较客观。他以庾信比王维①，不把王维比之陈琳②。王维独愤，痛赋秋槐落叶诗，所以，杜甫说不应当把王维与陈琳相比。并说王维称病，也是因怀念明主，所以说王维的心是忠于唐王朝的，也真说到王维的心坎上了。

这一年夏秋，王维又迁中书舍人。中书舍人属中书省，为正五品上的官阶，虽然与集贤殿学士都是正五品上，可是集贤殿学士是闲职，中书舍人是实职。至迟于这年九月，王维又改迁为门下省的

---

① 侯景之乱，庾信奔江陵，元帝承制，除为御史中丞。
② 唐玄宗云："从贼之臣，毁谤朝廷，如陈琳之檄曹操者多矣。"

给事中（正五品上）。^①

  乾元二年（759）五月后，王维迁正四品下的尚书右丞。这也是他终年做到的最高官职。大约在这年五月之后，他上了《请回前任一司职田粟施贫人粥状》，把他前任给事中职田交给施粥之所，以救京畿饥民。他交割的经手官员是户部侍郎、京兆尹刘晏。刘晏原为河南尹，调进京任京兆尹是接严武的任。贾至坐房琯党四月贬出京后，接着严武也坐房琯党左迁为河南尹。从严武赴河南府上任经过虢州到长水的情况看^②，时间当在史思明在安阳大败十节度兵、

———————————

① 杜甫曾经写了一首《崔氏东山草堂》诗，结联云："何为西庄王给事，柴门空闭锁松筠。"还写了一首《九日蓝田崔氏庄》诗，为同时之作。前诗里"爱汝玉山草堂静，高秋爽气相鲜新"，与后诗题目上明标"九日"看，杜甫到蓝田访崔兴宗的时间在九月九日的重阳节。访崔的同时，又去访问王维。闻一多先生《少陵先生年谱会笺》云："乾元元年六月，房琯因贺兰进明谮，贬为邠州刺史；公坐琯党，出为华州司功参军。是秋，尝至蓝田县访崔兴宗、王维。蓝田距华州八十里，县东南有蓝田山，又名玉山，一名东山，崔兴宗、王维别墅并在焉，公《九日蓝田崔氏庄》，黄鹤编年在乾元元年，又有《崔氏东山草堂》，与前诗同时作，诗云：'何为西庄王给事，柴门空闭锁松筠？'给事即王维也。维晚年得宋之问辋川别墅，在张通儒囚禁之后其复拜给事中，在乾元元年，明年则转尚书右丞矣。诗曰'柴门空锁'，是未遇维也。故后《解闷十二首》云'不见高人王右丞，蓝田丘壑漫寒藤'。时裴迪应亦在蓝田，不知与公相见否？"可见王维在这一年九月九日以前已经拜给事中的官了。

② 严武赴河南尹，不是到洛阳，而是到的长水，他路过虢州时曾会见岑参。岑参写了《使君席夜送严河南赴长水》《稠桑驿喜逢严河南中丞便别》《虢州南池候严中丞不至》等诗。严武这时的职务是御史中丞兼河南尹，所以，诗里称他为严河南或严中丞。

第二次占领洛阳的五月。因为洛阳陷落，河南府暂时寄理长水①。既然王维交前任给事中职田是刘晏经的手，时间当在五月稍后。这就是王维宥罪复官以后在朝任职的大体情况，凡五命而实任四职。三年多时间，五命其官，最后做到正四品下的尚书右丞，算是宦途比较得意了，可是王维唯有感念唐肃宗，并没有能够振作精神为肃宗朝中兴干一番事业。

王维这个时期的生活正如他在《秋雨辋川庄作》诗里写的：

> 积雨空林烟火迟，蒸藜炊黍饷东菑。漠漠水田飞白鹭，阴阴夏木啭黄鹂。山中习静观朝槿，松下清斋折露葵。野老与人争席罢，海鸥何事更相疑？

这正是王维在蓝田辋川庄看白露、观朝槿、听黄鹂，蒸藜炊黍，松下清斋的生活写照，以及野老争席，与海鸥戏玩无猜无疑的生活情趣。正如张綖曾引这首诗后所讲的："诗即给事咏西庄者。前六句之意，盖亦识此趣矣。末乃谓海鸥何事相疑，尚似机心未忘。无怪乎公（指杜甫）之怪叹给事也！"这首诗里的"漠漠水田飞白鹭，阴阴夏木啭黄鹂"和杜甫的"两个黄鹂鸣翠柳，一行白鹭上青天"，被后世称为"极尽写物之工"的写景名句，叠字"漠

---

① 《旧唐书·刘晏传》云："（晏）迁河南尹，时史朝义盗据东都，寄理长水。"长水在虢州（今河南灵宝）东南，刘晏去长安，严武去长水都经过虢州。

漠""阴阴"用得巧妙。① 因为这首诗写得好，有人主张把它取为唐诗七律的压卷。②

"漠漠""阴阴"二句，在音调上抑扬顿挫，气格正雅，显示王维诗在听觉形象（语音）上的特点。诗中既有嫩绿秧苗与白鹭的色彩对比，又有浓郁树荫与叶衬黄鹂的对比。就整幅图画看，白鹭飞起的神态与黄鹂鸣啭的声音又形成了动态中的声情对比。其审美内涵十分丰富，是声色交融的典型诗篇。

乾元元年的春天，盛唐诗坛上有一次著名的活动，即王维、贾至、杜甫、岑参等在早朝的一次唱和。先由中书舍人贾至吟出《早

---

① 叶梦得《石林诗话》卷上说："诗下双字极难，须使七言五言之间除去五字三字外，精神兴致，全见于两言，方为工妙。唐人记'水田飞白鹭，夏木啭黄鹂'为李嘉祐诗，王摩诘窃取之，非也。此两句好处，正在添'漠漠''阴阴'四字，此乃摩诘为嘉祐点化，以自见其妙，如李光弼将郭子仪军，一号令之，精彩数倍，不然，嘉祐本句，但是咏景耳，人皆可到。"虽指出王维四字之妙，却把下五字两句当成嘉祐所作，则不知王在李先的年代，妄言言之也。朱叔重在《铁网珊瑚》里说："王右丞水田白鹭，夏木黄鹂之诗，即画也。"沈德潜《唐诗别裁集》也说："俗说谓'水田飞白鹭，夏木啭黄鹂'，乃李嘉祐句，右丞袭用之。不知本句之妙，全在'漠漠''阴阴'，去上二字，乃死句也。况王在李前，安得云王袭李耶？"

② 赵殿成按语：诸家采选唐七言律者，必取一诗压卷，或推崔司勋之《黄鹤楼》，或推沈詹事之《独不见》，或推杜工部之"玉树雕伤""昆明池水""老去悲秋""风急天高"等篇。吴江周篆之则谓冠冕庄丽，无如嘉州《早朝》；澹雅幽寂，莫过右丞《积雨》。瀹斋翁以二诗得廊庙山林之神髓，取以压卷，真足空古准今。要之诸诗皆有妙处，譬如秋菊春松，各擅一时之秀，未易辨其优劣，或有扬此而抑彼，多由览者自生分别耳。质之奥论，未必金同也。

朝大明宫呈两省僚友^①》诗：

> 银烛朝天紫陌长，禁城春色晓苍苍。千条弱柳垂青
> 琐，百啭流莺绕建章。剑佩声随玉墀步，衣冠身惹御炉
> 香。共沐恩波凤池里，朝朝染翰侍君王。

就当时的情况来讲，王维年龄最长，诗名最高，官势虽不及贾
至，但比杜、岑都高。所以，自然应该是他先和了。他的《和贾舍
人早朝大明宫之作》诗云：

> 绛帻鸡人送晓筹，尚衣方进翠云裘。九天阊阖开宫
> 殿，万国衣冠拜冕旒。日色才临仙掌动，香烟欲傍衮龙
> 浮。朝罢须裁五色诏，珮声归向凤池头。

左拾遗杜甫接着和了一首《奉和贾至舍人早朝大明宫》：

> 五夜漏声催晓箭，九重春色醉仙桃。旌旗日暖龙蛇
> 动，宫殿风微燕雀高。朝罢香烟携满袖，诗成珠玉在挥
> 毫。欲知世掌丝纶美，池上于今有凤毛。

接着右补阙岑参也和了一首《奉和中书舍人贾至早朝大明宫》：

① 时贾至、王维属中书省，杜甫、岑参属门下省。中书省在右，又称右掖；门
下省在左，也称左掖。故贾至称他们为"两省僚友"。

　　鸡鸣紫陌曙光寒，莺啭皇州春色阑。金阙晓钟开万户，玉阶仙仗拥千官。花迎剑佩星初落，柳拂旌旗露未干。独有凤凰池上客，阳春一曲和皆难。

　　《早朝》诸诗，历来受到诗论家的重视，给予很高的评价①，甚至有人赞之为唐诗七律的压卷。也有不少人为这几首诗排次第的。②这一类诗，最讲气象。论气象，王维诗犹高一筹。③但古人的评价，多偏重于形式而忽视内容，看起来："这几首诗确实具有声律、词藻之美，在唐代七言律诗的创作中有一定特色。但总的说来，它们形式上的完整掩盖不了思想内容上的贫乏，这只是对纷乱的现实的暂时的忘却或掩饰。"④安史之乱对长安的破坏简直是毁灭性的，昔日繁华雄伟气象，已变得残破荒凉，正如杜甫《春望》诗中写的"国破山河在，城春草木深"。长安刚刚收复，他们却以美丽的富赡词语掩饰满目疮痍的长安了。

---

① 元代杨载《诗法家数》："写意要闲雅，美丽清细，如王维、贾至诸公《早朝》之作，气格雄深，句意严整，如宫商迭奏，音韵铿锵，真麟游灵沼，凤鸣朝阳也。"
② 如清代毛先舒《诗辩坻》卷三里就讲："早朝倡和，舍人作沉婉秾丽，气象冲逸，自应推首。'衣冠身'三字微拙。右丞典重可讽，而冕服为病，结又失严。嘉州句语停匀华净，而体稍轻飏，又结句承上，神脉似断。工部音节过厉，'仙桃''珠玉'近俚，结使事亦粘带，自下驷耳。四诗互有轩轾，予必贾、王、岑、杜为次也。"
③ 清代王寿昌讲："何谓气象？曰'绛帻鸡人报晓筹……'不谓之'诗中天子'不可也。"
④ 傅璇琮《唐代诗人丛考·贾至考》。

王维与严挺之曾同朝为官，当有交往。王维与严挺之的儿子严武关系更好。王维与严武的交往，集中在乾元元年的春天。王维有《酬严少尹徐舍人见过不遇》《晚春严少尹与诸公见过》。前诗云：

> 公门暇日少，穷巷故人稀。偶值乘篮舆，非关避白衣。不知炊黍否？谁解扫荆扉。君但倾茶椀（碗），无妨骑马归。

诗写王维屏居蓝田别业，严武与徐舍人去蓝田辋川拜访他，没有见面。王维回别业后见此情景非常遗憾，写了这首诗表示惋惜和歉意。过了不久，约于晚春三月的一天，严武与几位朋友又到蓝田辋川拜访王维，受到王维诚挚热情的接待。王维写了《晚春严少尹与诸公见过》诗记其事：

> 松菊荒三径，图书共五车。烹葵邀上客，看竹到贫家。鹊乳先春草，莺啼过落花。自怜黄发暮，一倍惜年华。

从两首诗里写的"不知炊黍否""君但倾茶椀""烹葵邀上客，看竹到贫家"简朴的招待看，他们过从甚密，是好朋友。严武到长水上任前曾到王维府上话别，夜宿王维处。两人促膝谈心，并各赋一诗，以抒其情。王维诗为《河南严尹弟见宿弊庐访别人赋十韵》：

上客能论道，吾生学养蒙。贫交世情外，才子古人中。冠上方簪豸，车边已画熊。拂衣迎五马，垂手凭双童。花醑和松屑，茶香透竹丛。薄霜澄夜月，残雪带春风。古壁苍苔黑，寒山远烧红。眼看东候别，心事北山同。为学轻先辈，何能访老翁。欲知今日后，不乐为车公①。

可惜严武的诗已失传。这首诗除了赞扬严武之外，有两点值得一提：其一，从王维称严武为"河南严尹"和"东候别"推知，严武时已授河南尹衔，即刻就要东赴上任；其二，严武比王维年轻，正当壮年。可是，两人的关系必非一般交往可比。诗虽指出严武与其父挺之一样素负气，然而，严武对王维还是很尊重的，王维觉得与严别之后，再也不会有这样乐趣的聚会了。严武，初以荫调太原府参军，后迁殿中侍御史。安史之乱，从唐玄宗入蜀，擢谏议大夫。至德初，房琯以武为名臣子，荐为给事中，历任剑南节度使。调长安为太子宾客兼御史大夫，京兆少尹。从严武以上的经历看，王维过去与严武的交往可能在严武为殿中侍御史这段时间。

---

① 晋朝车胤，善于赏会。当时每有盛会，胤必与会和众人赏乐，故皆云：凡盛会无车公不乐。谢安游宴集时，辄开宴等待车胤与会。此处王维把严武比作车胤，表示二人相会非常快乐。

忘年好友：山月随客来，主人兴不浅

　　王维与大历十才子之一的钱起①是忘年交的好友。肃宗乾元二年春，王维曾与钱起交游唱和。王维写了《春夜竹亭赠钱少府归蓝田》诗：

　　　　夜静群动息，时闻隔林犬。却忆山中时，人家涧西远。羡君明发去，采蕨轻轩冕。

　　这是王维在长安与钱起的会晤，一个春天的晚上，他们两人坐在竹亭里，一边饮酒赋诗，一边畅谈今昔。王维赠给钱起这首诗后，钱起立即酬了一首《酬王维春夜竹亭赠别》：

----

① 钱起，字仲文，吴兴人。天宝十载登进士第，授官秘书省校书郎，终考功郎中，世称钱考功。与诗人郎士元齐名，史称"钱郎"。《新唐书·卢纶传》把卢纶、吉中孚、韩翃、钱起、司空曙、苗发、崔峒、耿沣、夏侯审、李端合称"大历十才子"。

　　山月随客来，主人兴不浅。今宵竹林下，谁觉花源远。惆怅曙莺啼，孤云还绝巘。

　　首句是说钱起从长安的东南方向的蓝田来到长安，故云"山月随客来"。此山客即东山（蓝田山亦称东山）之客。二句"主人兴不浅"，正说明王维招待他很热情，两人谈起话来没完没了，非常融洽，直到深夜。从三、四句看，这一夜钱起宿到了王维的竹亭，第二天早晨才离开王维的住所，这与王维诗写的"羡君明发去"正合。由此可知王维诗写于头天夜里，钱起诗则成于第二天早晨。根据一般诗人的经验，恐是钱起见了王维的诗后，夜里构思，第二天早起时完成的。钱起晚归蓝田时，王维还为他送行，并写了一首送行诗《送钱少府还蓝田》：

　　草色日向好，桃源人去稀。手持平子赋，目送老莱衣。每候山樱发，时同海燕归。今年寒食酒，应是返柴扉。

　　钱起当时在蓝田做县尉，所以，王维称他为少府。钱起能诗，以孝出名，所以，王维称他为"平子"与"老莱衣"。从诗里提示的节令看，竹亭夜叙与送钱起归蓝田当是一次。二人临别时钱起又回赠了王维一首诗《晚归蓝田酬王维给事赠别》：

　　卑栖却得性，每与白云归。徇禄仍怀橘，看山免采

薇。暮禽先去马，新月待开扉。霄汉时回首，知音青
琐闱。

蓝田距长安不远，骑马两个多时辰可到。钱起午后从长安出
发，不到月出即可回到蓝田官署。

关于钱起的事迹，《新唐书·文艺传》有记载，不过非常简单。
《旧唐书》卷一六八《钱徽传》记叙钱起事较详。云：

> 　　钱徽，字蔚章，吴郡人。父起，天宝十年登进士第。
> 起能五言诗。初从乡荐，寄家江湖，尝于客舍月夜独吟，
> 遽闻人吟于庭曰："曲终人不见，江上数峰青。"起愕然，
> 摄衣视之，无所见矣，以为鬼怪，而志其一十字。起就试
> 之年，李晬所试《湘灵鼓瑟诗》题中有"青"字，起即以
> 鬼谣十字为落句，晬深嘉之，称为绝唱。是岁登第，释褐
> 秘书省校书郎。大历中，与韩翃、李端辈十人，俱以能
> 诗，出入贵游之门，时号"十才子"，形于图画。起位终
> 尚书郎。

关于钱起为蓝田尉事漏载，而钱起自己写的《初黄绶赴蓝田县
作》诗则详述了此事，是可贵的资料。

> 　　蟠木无匠伯，终年弃山樊。苦心非良知，安得入君
> 门。忽忝英达顾，宁窥造化恩。萤光起腐草，云翼腾沈

鲲。片石世何用，良工心所存。一叨尉京甸，三省惭黎元。贤尹正趋府，仆夫俨归轩。眼中县（悬）胥色，耳里苍生言。居人散山水，即景真桃源。鹿聚入田径，鸡鸣隔岭村。餐和俗久清，到邑政空论。且嘉讼庭寂，前阶满芳荪。

诗里"一叨尉京甸，三省惭黎元""餐和俗久清，到邑政空论。且嘉讼庭寂，前阶满芳荪"等句，正写钱起赴蓝田县尉的情况，说明钱起确实做过蓝田县尉。从王维与钱起的四首赠答诗，可以使我们了解以下两个方面的问题。第一，钱起的诗题称王维为"给事"，诗中又有"知音青琐闼"语，则王维时官给事中，正是钱起出任蓝田尉的时间。王维是钱起的前辈，钱起称王维为"知音"。可见二人交往很密切。第二，王维《春夜竹亭赠钱少府归蓝田》诗里"却忆山中时"句，是回忆两人同在蓝田山别业居住交游的情况。两人在蓝田都有别业，来往很方便。时间当是在王维任左补阙的时期。

王维做左补阙时在天宝三载，时钱起尚未中进士，是在蓝田闲居的，不过他已有诗名。疑此时钱向王维学诗，所以，钱起后来的诗风多似王维。钱起对王维是非常敬慕的，王维死后，他还非常怀念王维，曾到王维的蓝田旧居忆故友，并写了《故王维右丞堂前芍药花开凄然感怀》诗：

芍药花开出旧栏，春衫掩泪再来看。主人不在花长在，更胜青松守岁寒。

　　这首七绝写得好，不仅写出了他对王维敬慕的真挚感情，还写出了王维青松一样的性格。在王维生前，钱起学诗于王维，死后他又成为王维诗的继承人，并雄居诗坛。①

---

① 高仲武《中兴间气集》卷上载钱起诗评曰："员外（指钱起）诗，体格新奇，理致清赡，越从登第，挺冠词林。文宗右丞，许以高格；右丞没后，员外为雄。"

普济众生：聊持数斗米，且救浮生取

纵看王维一生，幼从儒入，中好道笃佛，晚过虽官而清净无为的生活，却忧国恋家，落到念国中兴上。他的诗虽受佛徒"净"的思想陶冶，却悟出一个"洁"字，故诗评家认为王维诗"最洁"；虽受道家"静"的思想影响，他的诗却能入静出活，虽像《书事》"轻阴阁小雨，深院昼慵开。坐看苍苔色，欲上人衣来"的小诗，也能出盎然生机。王维晚年虽渴望中兴，但已没有精力在政治上为唐朝中兴干一番事业了，所能做的只是祈佛、荐贤。这时期有三件事占据了王维生活的重要位置。

第一件事是施庄为寺。乾元元年秋冬王维上表，请唐肃宗恩准，把他的辋川别业施为佛寺，以求赎己之罪，助唐肃宗成为中兴之主。《请施庄为寺表》云：

臣维稽首：臣闻罔极之恩，岂有能报？终天不返，何堪永思。然要欲强有所为，自宽其痛，释教有崇闻功德，宏济幽冥。臣亡母故博陵县君崔氏，师事六照禅师三十余

岁。褐衣蔬食，持戒安禅，乐住山林，志求寂静。臣遂于
蓝田县营山居一所，草堂精舍，竹林果园，并是亡亲宴坐
之余，经行之所。臣往丁凶衅，当即发心，愿为伽蓝，永
劫追福。比虽未敢陈请，终日常积恳诚。又属元圣中兴，
群生受福，臣至庸杇，得备周行，无以谢生，将何答施？
愿献如天之寿，长为率土之君，惟佛之力可凭，施寺之心
转切。效微尘于天地，固先国而后家。敢以乌鼠私情，冒
触天听，伏乞施此庄为一小寺。兼望抽诸寺名行僧七人，
精勤禅诵，斋戒住持，上报圣恩，下酬慈爱，无任恳款
之至。

此可谓念亲想国，忠孝两全耶！

杜甫曾于这一年九月九日到蓝田辋川访问过王维，说明这时王维下朝以后仍在辋川屏居。大约于此时不久，王维上了请施庄为寺的表文，唐肃宗恩准，王维离开辋川已是秋末冬初了。从这时候起，王维就住在京城长安①，过上在京师日饭十数名僧人的诵经谈禅和上朝企兴的生活了。

第二件事是他请交回前任职田于贫人粥所。王维从小受儒家教

① 王维离开辋川别业时，写了一首五绝《别辋川别业》："依迟动车马，惆怅出松萝。忍别青山去，其如绿水何？"他的胞弟王缙同咏："山月晓仍在，林风凉不绝。殷勤如有情，惆怅令人别。"从王维诗里写的"松萝""青山""绿水"和王缙诗里写的"林风凉不绝"句看，他离开辋川的时间为深秋节令，最迟也不过到初冬，王缙从下年至他改任凤翔尹的上元二年一直在四川任蜀州刺史，未在长安。他与兄王维同咏《别辋川别业》只能在乾元元年。

育，儒家的仁爱思想对他影响极深。① 所以，他早年就怀着"动为苍生谋"的志向，列为朝官的。中年以后信佛，也有普济众生的愿望。② 晚年仍念念于此，他施职田于粥所，就是为救济穷苦百姓。正如他在《请回前任一司职田粟施贫人粥状》讲的：

> 右臣比见道路之上，冻馁之人，朝尚呻吟，暮填沟壑。陛下圣慈怜愍，煮公粥施之。顷年已来，多有全济，至仁之德，感动上天，故得年谷颇登，逆贼皆灭，报施之应，福祐昭然。臣前任中书舍人、给事中，两任职田，并合交纳。近奉恩敕，不许并请。望将一司职田，回与施粥之所。于国家不减数粒，在穷窘或得再生，庶以上福圣躬，永弘宝祚，仍望令刘晏分付所由讫。具数奏闻，如圣恩允许，请降墨敕。

这篇状文上于乾元二年（759）五月。王维这时任中书舍人或

---

① 《论语·学而》："子曰：'千乘之国，敬事而信，节用而爱人，使民以时。'"《孟子·离娄上》云："三代之得天下也，以仁；其失天下也，以不仁。国之所以废兴存亡者亦然。天子不仁，不保四海；诸侯不仁，不保社稷；卿大夫不仁，不保宗庙；士庶人不仁，不保四体。"

② 《金刚经》云："须菩提，如来悉知悉见，是诸众生得如是无量福德。"川禅师释之云："种甘草甜，种黄连苦，作如是因，获如是果。"

给事中，都是五品官阶，职分田各六顷。①安禄山占领长安一带，对皇宫内外，乡民市井，抢劫一空，已为大家熟知。王维这篇状文虽因感唐肃宗的赦宥之恩，不乏颂圣之词，但确是一篇非常实际的文字，它比较真实地揭示了乾元时期人祸天灾给京畿一带百姓带来的灾难。②王维以亲眼所见，指绘出"道路之上，冻馁之人，朝尚呻吟，暮填沟壑"的情景。京城长安尚且如此，别处就更悲惨了。无怪诗人孟云卿就说"独立正伤心，悲风来孟津""虎豹不相食，哀哉人食人"③了。从这篇状文中王维所讲：他原来打算交两任职田，皇帝敕书不许的情况看，王维已经上过书。前次上书，恐怕也会讲到天灾人祸，使人冻馁的情况，唐肃宗及当政大臣未置异词，可见王维讲的情况是属实的。王维的这种忠君爱民思想是值得肯定的。

　　第三件事是责躬荐弟，以利国计。王维的一生经历了武后执政、玄宗当朝、肃宗复国三个时期。虽然唐肃宗率群臣战胜了安禄山、史思明，收复了两京，重振纪纲。然而，这"中兴"的势头再也无法恢复到开元盛世了。所有的只是造成藩镇割据的实际颓势，种下了唐代灭亡的种子。这个大变动的时代造成了王维思想上的复杂性，不少人认为他是"晚年惟好静，万事不关心"④的虔诚的佛教

---

① 唐朝制度，诸京文武职事，各给职分田：一品官十二顷，二品官十顷，三品官九顷，四品官七顷，五品官六顷，六品官四顷，七品官三顷五十亩，八品官二顷五十亩，九品官二顷。并去京城百里以内划给。开元九年曾一度停止，开元十八年六月又复旧制。

②《资治通鉴·唐纪》："属岁荒，米斗至七千钱，人相食。"

③《伤时》二首之一。

④《酬张少府》。

徒。但这只是他思想的一个方面，不能说禅宗思想占据了他思想的全部。他从小就受儒学教育，儒家用世、爱民忠君的思想始终占着他思想的一定位置。应该说他的思想是儒释道的结合。王维为什么会产生弃世与用世的矛盾呢？主要是因为他"一生几许伤心事，不向空门何处消"①，到佛地寻求寄托。他寻求寄托，正是因为他对社会政治的不满。他关心国事，体恤百姓疾苦，到他临终也未忘怀。这除了"施庄为寺""回职田于粥所"外，集中表现在他责躬荐弟这一重要行为上。

上元元年末，王维虽仍在朝任职，尚书右丞的职衔也不算低，可是他"病且惙"，很难再工作下去了。然国事萦怀，思念远在蜀州的兄弟王缙，于是产生了责躬荐弟的思想。这种荐贤与归田的思想集中体现在他的《责躬荐弟表》里。感情真切，令人可叹：

臣维稽首言：臣年老力衰，心昏眼暗，自料涯分，其能几何？久窃天官，每惭尸素。顷又没于逆贼，不能杀身，负国偷生，以至今日。陛下矜其愚弱，托病被囚，不赐疵瑕，累迁省阁，昭洗罪累，免负恶名，在于微臣，百生万足。昔在贼地，泣血自思：一日得见圣朝，即愿出家修道。及奉明主，伏恋仁恩，贪冒官荣，荏苒岁月，不知止足。尚忝簪裾，始愿屡违，私心自咎。

---

① 《叹白发》。

文章表现了他忏悔补过的心情。然而，这位老诗人并不是完全出于思老念亲的私情，他讲出了一个很有价值的道理，即：

> 臣又闻用不才之士，才臣不来；赏无功之人，功臣不功；有国大体，为政本源。

这个富于哲理性的论断，揭示了社会政治的真理。这个道理在古代的封建社会适用，今天仍然可以借鉴。如果执政者不用贤才，不赏有功，只图一己私利，工作无论如何也是搞不好的。表中用对比的方法，举出他与弟一生经历的事情，有说服力地讲了在忠、政、义、才、德五个方面缙之五长，己之五短，说明缙不仅已经为国家做出突出贡献，以后还可为唐朝中兴再做一番事业，所以他情愿去官归田，而举荐王缙任朝官。这样他就"当苦行斋心，弟自竭诚尽节，并愿肝脑涂地，陨越为期，葵藿之心，庶知向日，犬马之意，何足动天。不胜私情，恳迫之至"，也就平生愿足了。

王维的上表五月初终于获准。肃宗皇帝《答诏》已下，曰：

> 敕：幸求献替，久择勋贤，具寮咸推，今弟有裕。既膺赞相之任，俯观规谏之能。建礼朝升，鹓行并列，承明晚下，雁序同归，乃眷家肥，无忘国命。所谢知。

王维为感激唐肃宗恩准，于上元二年五月四日上了《谢弟缙新授左散骑常侍状》。遗憾的是王维渴望见到弟弟王缙回朝，兄弟们能见上一面，然而，连面还未见上，王维就去世了。王缙时已由蜀州转任凤翔。凤翔距京城长安仅三百多里路，按这一情况推断，大约王维上谢状后不久就去世了。史定为七月，可以确信。

在这段时间里，有一件事值得一提。即王维在病中闷居家中时有一位老友慕容承常来看他，还给他送来素馔。王维非常感激，写了《慕容承携素馔见过》和《酬慕容十一》两首诗。按岑仲勉先生考索，慕容承行十一，故王维称其为慕容十一。从这两首诗里写的内容"纱帽乌皮几，闲居懒赋诗"看，王维已届老境病态。"空劳酒食馔，持底解人颐"写他在寂寞无聊的情况下，慕容承来看他，并送来了白酒素馔，真是晚景的最大乐趣了。所以，他把慕容承比作非他而宴会不乐的车公（胤）。慕容承是位隐沦高士，所以，王维又称他为壶丘子。王维无子嗣，弟兄几个也少子女，况兄弟们都不在身边，他孤身一人在病中，老景是够凄凉的了。老友来看他，当然特别高兴。所以，在无意写诗的情况下，一气写了两首诗。说不定这两首诗，或者《谢弟缙新授左散骑常侍状》一文，竟成了他一生的绝笔。史书上称他临终与亲友的别书，已佚之无考了。正如《旧唐书·王维传》中说的：

（王维）临终之际，以缙在凤翔，忽索笔作别缙书。又与平生亲故作别书数幅，多敦厉朋友奉佛修心之旨，舍笔而绝。

王维死后，按他平生的志趣，葬于辋川别业——清源寺西他母亲的墓旁。①

"蓝田日暖玉生烟",蓝田,不仅以产美玉著称,而且山奇水秀,交通便利。它既是长安附近的风景区,又是通向荆、襄、湖、广的要道。王维的别业就在这里。这个地方山峻谷幽,辋川流水潺湲,竹洲花坞蕴诗情,古松奇柏,风景怡人,充满了诗情画意。作为才华横溢的诗人、画家,王维生前住在这里,死后葬在这里,非常惬意。真可称得上"奇山异水周舍下,花坞幽香埋诗魂"了。

当我们历尽王维一生事迹以后,回味王维的为人和诗风时,想起明人李日华的一首诗,可以帮助我们认识王维和他的诗。诗云:

> 紫禁神仙侣,青霄侍史郎。明心寒水骨,妙语出天香。
> 烟壑从疏散,花洲坐渺茫。菁华时揽撷,珠玉乱辉光。②

用"禅行儒魂"概括王维晚年的生活与思想,正可见他是一位既忠且孝、忧国爱民、钟情祖国山山水水的杰出诗人,是中国史诗上开宗立派的领袖!

---

① 《新唐书·王维传》:"母亡,表辋川第为寺。终葬其西。"
② 《读右丞五言》。

王维年谱

700 年（圣历三年，五月改元久视元年）

王维生，一岁。

701 年（大足元年，十月改元长安元年）

王维二岁。李白生。

708 年（景龙二年）

王维九岁。《新唐书·王维传》云："九岁知属辞。"

712 年（太极元年，五月改元延和元年，八月，唐玄宗即位，改元先天元年）

王维十三岁。杜甫生。

714 年（开元二年）

王维十五岁。约在是年离家，经潼关，过骊山，游长安，开始与友交游，步入社交场。作《过始皇墓》《题友人云母障子》。

715 年（开元三年）

王维十六岁。继游长安、洛阳。作《洛阳女儿行》。

716 年（开元四年）

王维十七岁。在长安。与祖自虚或同居终南山，或东游洛阳。有《九月九日忆山东兄弟》。裴迪生。

717 年（开元五年）

王维十八岁。唐玄宗东幸洛阳，王维到洛阳投谒进取。

718 年（开元六年）

王维十九岁。赴京兆试，举解头。有《桃源行》《李陵咏》《清如玉壶冰》。

719 年（开元七年）

王维二十岁。在长安。和弟王缙与岐王李范、宁王李宪、薛王李业等交游。有《从岐王过杨氏别业应教》《息夫人》《从岐王夜宴卫家山池应教》《敕借岐王九成宫避暑应教》。

720 年（开元八年）

王维二十一岁。在长安，继与诸王交游。有《燕支行》诗。

721 年（开元九年）

王维二十二岁。春，进士及第，释褐为太乐丞。是年秋被贬官，为济州司仓参军，为正九品下管仓库的小官。途经洛阳、郑州、滑州，于八月底或九月初到达济州任所。有《被出济州》《宿郑州》《早入荥阳界》《至滑州隔河望黎阳忆丁三寓》。

722 年（开元十年）

王维二十三岁。在济州司仓参军任上。有《济州过赵叟家宴》《赠东岳焦炼师》《赠焦道士》。

723 年（开元十一年）

王维二十四岁。在济州任所。有《赠祖三咏》。

724 年（开元十二年）

王维二十五岁。裴耀卿是年十月任济州刺史，王维为其僚属。

725 年（开元十三年）

王维二十六岁。与祖咏会晤于济州，作《喜祖三至留宿》。与济州刺史裴耀卿交往。

726 年（开元十四年）

王维二十七岁。春寒食节前离济州西归，寒食节经广武、汜水，到洛阳，有《寒食汜上作》。夏，王维已在洛阳或长安。与房琯交往，作《赠房卢氏琯》。

727 年（开元十五年）

王维二十八岁。弟王缙中高才沉沦草泽自举科。王维为官淇上疑在是年，做闲散小官。有《淇上送赵仙舟》。

728 年（开元十六年）

王维二十九岁。是年春仍在淇上，作《淇上即事田园》。

729 年（开元十七年）

王维三十岁。在长安。与孟浩然、张九龄等交往，有《送孟六归襄阳》。从大荐福寺道光禅师学顿教。

730 年（开元十八年）

王维三十一岁。闲居长安。作《华岳》。

731 年（开元十九年）

王维三十二岁。仍在长安闲居，妻亡约在是年。

732 年（开元二十年）

王维三十三岁。仍闲居长安，有《送从弟蕃游淮南》。

733 年（开元二十一年）

王维三十四岁。仍闲居长安，时或游东都。与严挺之、徐峤交往，作《酬严少尹徐舍人见过不遇》《晚春严少尹与诸公见过》。

734 年（开元二十二年）

王维三十五岁。仍闲居长安，有《送崔兴宗》。秋赴洛阳宦游，有《上张令公》《京兆尹张公德政碑（并序）》。秋后曾隐居嵩山，有《归嵩山作》。

735 年（开元二十三年）

王维三十六岁。是春仍隐居嵩山，三月九日后任右拾遗（从八品上），离嵩山赴东都洛阳任职。有《献始兴公》《留别山中温古上人兄并示舍弟缙》。

736 年（开元二十四年）

王维三十七岁。十月前在东都洛阳，十月随唐玄宗归西京长安，仍任右拾遗。

737 年（开元二十五年）

王维三十八岁。在长安，任右拾遗。与萧嵩、张九龄、韩休、杜暹、王邱、裴耀卿等于韦氏逍遥谷宴集，作《暮春太师左右丞相诸公于韦氏逍遥谷宴集序》。秋九月中旬以监察御史的身份，出使凉州，为河西崔希逸幕府判官。有《出塞作》《使至塞上》《凉州赛神》《凉州郊外游望》。

738 年（开元二十六年）

王维三十九岁。崔希逸离河西节度府凉州不久，夏秋之际王维就离开凉州回京。有《双黄鹄歌送别》《灵云池送从弟》《从军行》《送元二使安西》。

739 年（开元二十七年）

王维四十岁。在长安，仍官监察御史。有《大荐福寺大德道光禅师塔铭（并序）》。

740 年（开元二十八年）

王维四十一岁。迁殿中侍御史（从七品下），秋前仍在长安，九月底十月初由长安出发"知南选"（以殿中侍御史的身份充任选补副使）。途经襄阳，作《汉江临泛》《哭孟浩然》。

741 年（开元二十九年）

王维四十二岁。是年正月三十日铨选毕，王维于二月上旬离桂州选所北返，途中作《登辨觉寺》，《谒璿上人》。三月底四月初回到长安。下半年隐居终南山，有《终南别业》，《戏赠张五弟谭》三首。

742 年（天宝元年）

王维四十三岁。在长安。是年春改官左补阙（从七品上），有《春日直门下省早朝》。唐玄宗为庆祝"祥瑞盛世"，举行宴会以享群臣，王维参加宴会，作《三月三日曲江侍宴应制》。十月，王维随李林甫侍唐玄宗于温泉宫，有《和仆射晋公扈从温汤》。

743 年（天宝二年）

王维四十四岁。仍在长安，为左补阙，过着亦官亦隐的生活。

秋与王昌龄、王缙、裴迪等集会长安新昌坊昙壁上人院共同赋诗。有《青龙寺昙壁上人兄院集（并序）》。

744 年（天宝三载，正月改年为载）

王维四十五岁。仍居长安，为左补阙。隐居辋川。有《哭殷遥》二首。

745 年（天宝四载）

王维四十六岁。上年冬或是年初迁侍御史（从六品下）。三月三日作《三月三日勤政楼侍宴应制》。暮春，从京城出发，以侍御史的身份，出使新秦、榆林二郡。有《新秦郡松树歌》。

746 年（天宝五载）

王维四十七岁。从榆林、新秦回京，下半年在长安，仍为侍御史。迁库部员外约在此时。有《为王常侍祭沙陁鄜国夫人文》。

747 年（天宝六载）

王维四十八岁。在长安，为库部员外郎。作《苑舍人能书梵字兼达梵音皆曲尽其妙戏为之赠》《和宋中丞夏日游福贤观天长寺之作》。

748 年（天宝七载）

王维四十九岁。仍在长安，迁库部郎中（从五品上）。有《大同殿生玉芝龙池上有庆云百官共睹圣恩便赐宴乐敢书即事》《奉和圣制天长节赐宰臣歌应制》《贺古乐器表》。

749 年（天宝八载）

王维五十岁。仍在长安，任库部郎中。有《故太子太师徐公挽歌》四首、《贺玄元皇帝见真容表》。

750 年（天宝九载）

王维五十一岁。二月以前仍在朝，任库部郎中，作《贺神兵助取石堡城表》。二月底或三月初居母丧，屏居蓝田辋川。有《酬诸公见过》。

751 年（天宝十载）

王维五十二岁。继守母丧，仍屏居蓝田辋川。作《唐故京兆尹长山公韩府君墓志铭（并序）》。

752 年（天宝十一载）

王维五十三岁。二月底或三月初服阕，由蓝田回朝，拜吏部郎中（正五品上）。三月二十八日吏部改为文部后，继任文部郎中。四月一日参加玄宗敕赐百官樱桃的盛会，作《敕赐百官樱桃》。有《同崔员外秋宵寓直》《送陆员外》诗。

753 年（天宝十二载）

王维五十四岁。在长安，仍官文部郎中。有《送秘书朝监还日本国》（并序）》《送李睢阳》《送魏郡李太守赴任》《同崔兴宗送瑗公》。

754 年（天宝十三载）

王维五十五岁。仍在长安，官文部郎中。有《送崔五太守》《过崔驸马山池》《送张五归山》等。

755 年（天宝十四载）

王维五十六岁。由文部郎中转迁给事中（正五品上），仍在长安。有《左掖梨花咏》。

756 年（天宝十五载，七月，唐肃宗即位，改元至德元载）

王维五十七岁。在长安，仍官给事中。有《送綦毋校书弃官还江东》。长安失守，王维扈从不及，陷贼，服药取痢，伪称喑病，被安禄山拘于洛阳菩提寺，迫以伪署。有《菩提寺禁裴迪来相看说逆贼等凝碧池上作音乐供奉人等举声便一时泪下私成口号诵示裴迪》《口号又示裴迪》。

757 年（至德二载）

王维五十八岁。十月收复东京前，仍在东京洛阳。十月，广平王收复洛阳后回长安，系于宣阳里杨国忠宅。陷贼官以六等定罪，王维因以《凝碧诗》闻于肃宗，又弟缙时已官刑部侍郎，请削己官以赎兄罪。王维特为减等，免死。

758 年（至德三载，二月，改元乾元元年）

王维五十九岁。自上年十二月宥罪获免之后，乃闲居旧居蓝田辋川，有《辋川别业》诗。二月，责授太子中允，作《谢除太子中允表》。后加集贤学士。王维、贾至、岑参、杜甫同朝奉值，相互唱和，王维作《和贾舍人早朝大明宫之作》。五六月，官给事中。秋冬，作《请施庄为寺表》。有《别辋川别业》《送崔九兴宗游蜀》《崔兴宗写真咏》《登楼歌》等诗。

759 年（乾元二年）

王维六十岁。在长安，仍官给事中。春，与钱起交往，有诗相酬唱。有《春夜竹亭赠钱少府归蓝田》《送韦大夫东京留守》。后转尚书右丞。

760 年（乾元三年，闰四月改元，上元元年）

王维六十一岁。有《河南严尹弟见宿弊庐访别人赋十韵》《请回前任一司职田粟施贫人粥状》《责躬荐弟表》《酬张少府》。

761 年（上元二年）

王维六十二岁。在长安，仍官尚书右丞。五月四日，上《谢弟缙新授左散骑常侍状》。有《慕容承携素馔见过》诗。七月卒，葬在蓝田辋川别业——清源寺西。其弟王缙按照唐代宗敕，把能收集到的王维诗文编成十卷，行于世。

主要参考书目

1.《王摩诘文集》，据北京图书馆藏宋蜀刻本影印，上海古籍出版社 1994 年。

2.《王右丞集》，[唐]王维著，[宋]刘辰翁评，明末吴兴凌濛初朱墨套印本。

3.《类笺唐王右丞诗集》，[唐]王维著，明嘉靖三十五年（1556）锡山顾氏奇字斋刊本。

4.《王右丞集笺注》，[唐]王维著，[清]赵殿成笺注，上海古籍出版社 1961 年。

5.《王维集校注》，[唐]王维著，陈铁民校注，中华书局 1997 年。

6.《王维年谱》，张清华著，学林出版社 1988 年。

7.《杜工部诗集辑注》，[清]朱鹤龄辑注，清康熙叶永茹万卷楼刻本。

8.《杜甫全集校注》，萧涤非主编，人民文学出版社 2014 年。

9.《旧唐书》，[后晋]刘昫等撰，中华书局 1975 年。

10.《新唐书》，[宋]欧阳修、宋祁撰，中华书局 1975 年。

11.《高僧传》,〔梁〕释慧皎撰,汤用彤校注,汤一玄整理,中华书局 1992 年。

12.《宋高僧传》,〔宋〕赞宁著,范祥雍点校,中华书局 1987 年。

13.《景德传灯录译注》,〔宋〕道原著,顾宏义译注,上海书店 2010 年。

14.《元和郡县图志》,〔唐〕李吉甫撰,贺次君点校,中华书局 1983 年

15.《唐会要》,〔宋〕王溥撰,中华书局 1955 年。

16.《资治通鉴》,〔宋〕司马光,中华书局 1956 年。

17.《文苑英华》,〔宋〕李昉等编,中华书局 1966 年。

18.《宋本艺文类聚》,〔宋〕欧阳询撰,影印上海图书馆藏宋绍兴刻本,上海古籍出版社 2013 年。

19.《唐文粹》,〔宋〕姚铉编,《四部丛刊初编》影印上海涵芬楼借乌程蒋氏密韵楼藏元翻宋小字本,商务印书馆 1919 年。

20.《唐诗纪事》,〔宋〕计有功辑撰,上海古籍出版社 2013 年。

21.《全唐诗》,〔清〕彭定求等编,中华书局 1960 年。

22.《唐才子传校笺》,傅璇琮主编,中华书局 1987 年。

23.《唐人选唐诗新编》(增订本),傅璇琮、陈尚君、徐俊编,中华书局 2014 年。